Winter

Angus und die Whisky-Akademie

AF630260

Frank Winter

Angus und die Whisky-Akademie

Schottland-Krimi mit Rezepten

Oktober Verlag
Münster in Westfalen

Haftungsausschluss: Die Rezepte dieses Buchs wurden von Verlag und Herausgeber sorgfältig erwogen und geprüft. Dennoch kann eine Garantie nicht übernommen werden. Die Haftung des Verlags bzw. des Herausgebers für Personen-, Sach- und Vermögensschäden ist ausgeschlossen.

Frank Winter kennt Edinburgh und Schottland wie seine Westentasche. Immer wieder zieht es ihn in die urwüchsige schottische Landschaft, seine historischen Städte und zu den geheimnisvollen Seen.
Gleich seinem Helden Angus MacDonald setzt er sich für die Küche des Landes ein. Sein Buch »Schottisch kochen« (erschienen im Verlag Die Werkstatt) wurde von der Gastronomischen Akademie Deutschlands mit einer Silbermedaille ausgezeichnet. Ebenfalls ausgezeichnet wurde sein Buch »MarmelaMania: Herrlich verrückte Marmeladen-Kompositionen«, und zwar mit dem Gourmand International Award in der Kategorie »Single Subject« (erschienen im Jan Thorbecke Verlag). Gerade erst erschienen ist sein neues Kochbuch »Saucen, Dips & Marinaden. Die besten Rezepte für die richtige Würze« (ebenfalls im Jan Thorbecke Verlag).

© 2022 Oktober Verlag, Roland Tauber
Am Hawerkamp 31, 48155 Münster
www.oktoberverlag.de mail@oktoberverlag.de
Alle Rechte vorbehalten

Satz und Umschlag: Thorsten Hartmann unter Verwendung eines Fotos von OlgaMiltsova / iStockphoto
Rezepte: Frank Winter
Druck: Westfalenfleiß GmbH
Arbeitsbereich Digitaldruck und Papierverarbeitung,
Kesslerweg 38-42, 48155 Münster

ISBN: 978-3-946938-65-1

Inhalt

Die Personen

Angus Thinnson MacDonald
Schneller als er dachte, nähert sich Angus' Reise mit Karen ihrem Ende.

Torquil Hastie
Des Gourmets langjähriger Bekannter weiß nicht, wie ihm geschieht. Endlich hat er sich seinen Wunsch erfüllt und eine Whisky-Akademie eröffnet, als auch schon Störaktionen beginnen.

Karen Miller
Dr. Miller versteht beim besten Willen nicht, warum die lange geplante Reise zu den Orkneyinseln verkürzt werden und MacDonald in der Akademie aushelfen soll.

Alberto Vitiello
Drei von MacDonalds Seminarteilnehmern wohnen in der Villa Buongiorno. Einer von ihnen legt Wert auf sein großes englisches Frühstück, was Alberto zutiefst missfällt.

Grace Gilchrist
Steht Hasties Sekretärin ihm näher, als er zuzugeben bereit ist und wo bitte arbeitete sie zuvor?

Butler Reginald Stewart
Reginald, ehemals in Diensten MacDonalds, erklärt sich bereit, die Seminarteilnehmer auszuhorchen.

Wendy Hamilton
Die bildhübsche Bildhauerin aus Cornwall will sich in der Akademie auf ihre geplanten Whisky-Skulpturen einstimmen. Wo und wann diese aufgestellt werden, behält sie strikt für sich. Sie wohnt in der Villa Buongiorno.

Wendelin Kimmekörnle
Nicht nur über Whisky kann der Deutsche viel erzählen. Auch in anderen Bereichen hat er Ratschläge und unendlich viel Wissen, das er unbedingt teilen muss.

Martin Meiklejohn
Ein exzentrischer Herr aus New York City, vermutlich mit schottischen Vorfahren.

Joan Milne
Mrs Milne, alleinerziehend, bringt ihren achtjährigen Sohn mit in die Akademie. Dieser besitzt die verstörende Angewohnheit, historische Schlachten zu simulieren.

Joseph Fairbairn
Gedenkt der Besitzer eines neuen Whisky-Shops, in der Akademie neue Kunden zu gewinnen?

… sowie weitere Personen in Edinburgh.

*»Wie mixt man einen perfekten Martini?
Gin, Vermouth und Oliven in den Abfalleimer
werfen, wo sie viel besser aufgehoben sind, und
lieber einen Whisky-Cocktail zubereiten.«*

Es beginnt zu brodeln

Grace Gilchrist bewegte den Kopf und kontrollierte unverzüglich ihren kunstvollen Haarturm, der leicht vibrierte. Nie hatte jemand etwas zu beanstanden gehabt an Erscheinung oder Gebaren der Chefsekretärin. Sie war makellos. Das kam nicht von ungefähr, erforderte viel Pflege und Geduld. Torquil Hastie entpuppte sich als passabel. Kein Paradevorgesetzter wie bei der letzten Anstellung, doch freundlich, wenn man ihn nicht behelligte und selbst die Initiative ergriff. Heute ging sie noch weiter, setzte sich über ein ungeschriebenes Gesetz hinweg und trat ins Zimmer ihres Chefs, um ihn zu mahnen: »Sir, ich will ja nicht aufdringlich sein, aber wir müssen etwas tun. Dringend.«

Hastie saß in seinem bequemen Lederohrensessel und sah aus dem Fenster. Die Arme in der abgetragenen Tweed-Jacke mit Ellbogenschonern waren steif gestreckt, sein üppiger, angegrauter Haarkranz schien den Kopf verlassen zu wollen.

»Hallo, Sir?«

Er drehte sich in ihre Richtung. »Sie sind es, Grace.«

Wer denn sonst?! »Haben Sie mich verstanden, Mister Hastie?«

»Dringend.«

»Bitte?«

»Irgendetwas mit dringend haben Sie gesagt.«

»Heute Morgen erhielt ich einen neuen Anruf.«

»Oh Gott, nicht wieder dieser grässliche Stöhner?«

»Leider eben der.«

»Sie Ärmste. Hätten Sie mich doch verbunden.«

»Wie meinen?«

»Rufen. Sie sollten mich besser rufen, wenn so etwas geschieht. Schmähungen dieser Art sind in Ihrem Gehalt nicht inbegriffen.«

Sollte das heißen, wer mehr Geld verdiente, musste obszöne Anrufe über sich ergehen lassen? »Herzlichen Dank, aber sobald etwas erwidert wird, legt der Perverse ja auf.«

»Wie kommt's?«

»Ich bin nur eine einfache Sekretärin und kein Psychiater.«

»Natürlich, natürlich. Verständigen wir doch die Polizei.«

»Bei meiner Schwester ging es ein Jahr so, ohne dass die Beamten jemanden ausfindig machten.«

»War es immer derselbe Anrufer?«

In seinem großen Jackett war er so goldig unbeholfen, dass man ihn einfach mögen musste. »Davon gehen wir aus.«

»Wie endete die Geschichte?«

»Die Anrufe hörten irgendwann auf.«

»Interessant.«

Gilchrist wischte mit der Hand durch die Luft, als ob sie eine Fliege verscheuchen wollte. »Diese Typen sind alle gleich!«

»Grace, Sie tun mir leid.«

»Danke vielmals. Aber Ihre Auseinandersetzung mit den vier Rowdies wollen wir nicht vergessen.«

»Es könnte an unserer Adresse liegen.«

»Mit Verlaub, Sir, ich glaube nicht. Das West End ist eine sehr noble Gegend.«

»Stimmt, die Lümmel tauchten nicht mehr auf.«

»Garantiert ist das kaum.«

»Schwerlich, Grace, schwerlich.« Hastie sah sie erwartungsvoll an. »Könnte ich eine Tasse Tee bekommen?«

Die Sekretärin schüttelte den Kopf und lachte dann. »Mit Vergnügen.«

»Da die Polizei nichts ausrichten kann, scheiden private Ermittler ebenfalls aus.«

»Auf der anderen Seite … meine Schwester kennt da diesen Privatdetektiv. Ein sehr netter junger Mann.«

»Sogenannte professionelle Privatdetektive verlangen Unsummen, ohne dass ein Resultat garantiert wird.«

Als Gilchrist sich Hasties Sessel näherte, wurde er unruhig. »So teuer war das gar nicht, nur ein paar hundert Pfund.«

»Nein!« Er klopfte mit der flachen Hand auf die Sessellehne. »Ich habe die Angewohnheit, für mein Geld zu arbeiten. Tunichtgute unterstütze ich nicht.«

»Man könnte den Mann für einen Tag engagieren, gegen pauschalisiertes Honorar.«

»Grace, ich würde sehr gerne etwas Tee zu mir nehmen. Es ist beinahe elf Uhr.«

Sie nickte, patschte auf die Ohren des hohen Sessels, zum Unmut ihres Arbeitgebers, der leise stöhnte. »Ich mache mich gleich dran, Mister Hastie.«

»Schön, meine Liebe.« Nachdem sie das Zimmer verlassen hatte, rubbelte er wie wild über Wangen und Stirn. Die Anspannung der letzten Monate war übermächtig geworden, drückende Last, die nicht mit sich verhandeln ließ. »Schluss jetzt, Torquil! Du machst den Anruf!«

Gilchrist hatte das vernommen und schätzte sich glücklich, noch nicht ins Zimmer zurückgekehrt zu sein. Sie zählte bis drei, klopfte an die Tür und trat ein. »Haben Sie etwas gesagt, Sir?«

»Nein, nur laut gedacht.«

»Hier ist Ihr Tee«, antwortete sie mit geschürzten Lippen.

Wie hatte sie das so schnell geschafft?

»Darf ich Ihnen eingießen?«

»Gerne und holen Sie sich gerne auch einen Becher aus dem Schrank.«

»Von Ihrer Tartan-Kollektion?«

»Bitte, ja.«

»Die sind doch für besondere Anlässe.«

»Ganz recht.«

»Jetzt machen Sie mich neugierig.« Sie ging zur Glasvitrine und nahm den ersten Becher, der ihr ins Auge fiel.

»Nehmen Sie Platz. Im Sitzen redet es sich besser. Ich habe mir alles durch den Kopf gehen lassen. Ihr Hinweis mit dem privaten Detektiv war nicht schlecht.«

»Wenn Sie es sagen, Mister Hastie«, pflichtete sie ihm bei, mühsam ein Grinsen zurückhaltend.

»So machen wir das. Doch beauftragen wir keinen Hampelmann aus den Gelben Seiten, sondern Angus Thinnson MacDonald.«

»Kochbuchautor MacDonald?«, wiederholte sie laut.

»Sie kennen ihn?«

»Gerade gestern habe ich sein neues Buch durchgeblättert, bei Waterstone's. Es heißt ›Bittere Orangen im Glas‹.[1]«

»Schöner Band?«

»Durchaus, aber wie sollte uns dieser Gentleman helfen?«

»Er ist sehr erfahren.«

»Mehr im Kochen von Marmelade, würde ich sagen!«

»In seiner freien Zeit agiert er als Detektiv.«

»Hatten wir nicht gesagt, private Ermittler taugen nichts und sind zu kostspielig?!«

Hastie grinste so breit, dass sein überkronter Schneidezahn auftauchte. »Er wird umsonst arbeiten.«

»Das glaube ich nicht.«

»Wenn ich es Ihnen doch sage.«

»Dann kann er nichts taugen.«

»Seine Erfolgsquote liegt bei einhundert Prozent.«

»Wo ist der Haken? Spannen Sie mich bitte nicht weiter auf die Folter, Sir.«

»Es gibt keinen Haken. Aber vielleicht hat er keine Zeit.«

»Könnten wir nicht einen attraktiven Gentleman wählen?«

»Wie bitte?«

»Ich meine, der Herr wird in die Akademie kommen und wir wollen ja entsprechend repräsentiert werden, wie auch Geld verdienen.«

»Sie reden von Äußerlichkeiten, Grace?«

»Leider spielen die heutzutage eine große Rolle.«

»Nicht dass ich es als Mann gut beurteilen könnte, doch Angus sieht recht passabel aus.«

»Wenigstens einen schlankeren Herrn?«

»Nein, Grace. Danke, das wäre es.« Früh genug würde sie erfahren, dass er einen zweiten wichtigen Grund hatte, Angus zu kontaktieren.

[1] Zugleich der Titel des sechsten Abenteuers von Angus MacDonald.

»Whisky kann einen leicht in Cinderella verwandeln. Man verlässt euphorisch das Haus und tanzt die Nacht durch. Am Ende ist man konfus und schwitzt wie verrückt, noch dazu auf der Suche nach einem Schuh.«

Verlobungsreise, oder nicht?

Es gab mindestens einen anderen Ort, an dem Angus MacDonald sich lieber aufgehalten hätte, und an den Orkneys lag das nicht. Sie waren stets eine Reise wert. Er saß im Fauteuil mit malerischem Hafenblick, auf einem Tischchen neben sich eine Whisky-Flasche und das liebste Degustiergläschen. Karen puderte sich die Nase auffällig lange. Gut und schlecht. So konnte er ein wenig arbeiten. The Clydeside war eine der neuen *Lowland-Destillen*. Erst 2017 gegründet, konnte sie bereits mit angenehmen Tropfen aufwarten. Das zweite Schlückchen zum Nachtrunk musste sein, denn professionelle Tester verließen sich nicht auf flüchtige Eindrücke.

»Ich glaube es nicht!« Karen trat im weißen Bademantel ein, das lange, pechschwarze Haar frottierend.

Angus drehte den Oberkörper, um Glas und Flasche zu verdecken.

»Diese Handtücher im XXL-Format sind kaum zu bändigen.« Sie versuchte erfolglos, das riesige Stück Stoff um den Kopf zu wickeln.

Da MacDonald prinzipiell das Kirkwall-Hotel beehrte, verwöhnte ihn das Management mit Handtüchern in angenehm-proportionalem Verhältnis zu seinem Leibesumfang. »Das tut mir leid, Frau Doktor.«

»Was hast du ausgefressen, Angus?«

»Gar nichts.«

»Fehlt nur noch, dass du pfeifst.«

Als Geste der Versöhnung hob er beide Arme in die Luft. »Bitte sehr?«

»›Frau Doktor‹ höre ich nur, wenn du etwas angestellt hast.«

Niemand hatte ihm gesagt, dass ein Verlobter auf Reisen zum Kleinkind degradiert wurde. Sie reckte ihr entzückendes, sommergesprosstes Näschen in die Luft. »Ich rieche Schnaps!«

»Keinesfalls.« Wie so manche Geschichten hatte auch diese einen Hintergrund. Karens Onkel schaute etwas zu tief ins Glas, gefüllt mit deutschem Kirschgeist. Daraus resultierte Missliches für seine Umwelt und Frau Doktor bezeichnete hochprozentige Alkoholika generell als Schnaps. Sippenhaftung und großer Affront gegen Scotch! So sollte man mit dem Nationalgetränk nicht umgehen.

»Uisge Beatha.«

»Schnaps!«

Späße machte MacDonald oft und gerne, doch niemals über Essen und Trinken, sakrosankte Themen. »*Uisge Beatha* ist die gälische Bezeichnung für Wasser des Lebens. Schnaps wiederum …«

»Meinethalben ist der hochprozentige Alkohol auf dem Tischchen Scotch.« Karen trat etwas näher, immer noch mit dem Handtuch zugange. »Hat er denn mit deiner Arbeit zu tun?«

MacDonald strahlte. »Natürlich.«

»Du hattest mir eine Verlobungsreise versprochen! Oder erinnere ich mich falsch?«

»Ich wollte mir etwas die Zeit vertreiben, während du im Badezimmer warst.«

»Hättest du nicht in die Zeitung sehen können?«

»Bereits geschehen.«

Der missbilligende Blick zu seinem Nachttisch war unnötig. Er schrieb für diverse Whisky-Magazine Rezensionen und hatte die altmodische Angewohnheit, die Bücher vorher zu lesen. Von vorne bis hinten, als physisches, gedrucktes Exemplar.

»Angus, du hast ein Problem.«

»Nur eines?«, hätte er um ein Haar gefragt.

»Bist unfähig, dich zu entspannen. Schau nur zu diesem Turm mit Büchern.«

»Es sind doch gar nicht so viele.«

»Zehn Ex-em-pla-re.« Mit jeder Silbe wich sie einen Schritt zurück.

»Du hast meine Fachlektüre durchnummeriert?« MacDonald war sich sicher, schon von Menschen, die zwanghaft Dinge zählten, gelesen zu haben.

»Dass du mir seit Ewigkeiten versprichst abzunehmen, ist eine Sache. Wenn aber der schiefe Turm von Pisa nachgebildet wird, muss ich mich fragen, was ich hier mache!«

»Weniger Dramatik walten lassen?«

»Für sieben Tage nimmst du zehn Bände mit?!«

MacDonald erhob sich, knöpfte sämtliche Knöpfe seines Harris-Tweed-Jacketts zu, wie das Prince Charles selbst im Sitzen zu tun pflegte, und ging auf seine Verlobte zu, die zurückwich. Schön, seine Erklärung würde mit räumlicher Distanz auf noch fruchtbareren Boden fallen. »Karen …«

Sie ließ das Handtuch los, das langsam auf den Boden glitt. »Du gehst jetzt aber nicht auf die Knie?«

»Wenn das gewünscht wird, kann ich gerne eine Anstrengung unternehmen.«

»Was willst du mir denn sagen? Nur raus damit. Man kennt sich ja schon so lange.«

»Äh, ja, das stimmt. Ich habe einen Platz für unser Dinner reserviert.«

»Angus, du bist unmöglich!«

Gesagt und getan, mit einer zugeknallten Badezimmertüre, die von innen verriegelt wurde. Wer konnte das verstehen? In einem Moment sah Karen überglücklich aus und wenn er das Abendessen erwähnte, wurde sie wütend. Trübsal blasen konnte er nicht, denn sein mobiles Telefon klingelte. Wer um alles in der Welt mochte es sein?

Alberto kochte Minestrone für den übernächsten Abend, als jemand an der Tür klingelte. Suppen mussten Zeit zum Relaxen haben. Dann schmeckten sie viel besser. Er drehte das Gas ab. Maria hatte ihm eine Rüge erteilt, denn allzu oft vergaß er, den Herd auszuschalten und schimpfte dann über zu hohe Gaskosten. In der Mussolini-Kochschürze, Geschenk von Tochter Danila wegen angeblich herrischer Attitüde, ging er zum Eingang und machte durch die Glasscheibe der zweiten, inneren Tür jemanden im Kilt aus. No, auf keinen Fall würde er einen am helllichten Tag schwankenden Highlander aufnehmen! Er hasste sämtliche Betrunkenen, ob Highlander, Lowlander oder Tourist, Laufkunden sowieso. Wegen eines Rugbyspiels hatten die Zimmeranfragen in den letzten Tagen rapide zugenommen. Standardantwort der Villa Buongiorno: »Leider können wir Ihnen nicht helfen. Unser Frühjahrsputz steht an.« Ja, der konnte, so wies er einen Anrufer zurecht, auch im Herbst stattfinden. Wer bitte wollte Alberto Vitiello die Termine diktieren?! Der Eindringling ging grußlos in die Hocke, um sich den Schuh zu binden. Was für ein Glück, dass er ihm dabei nicht den Rücken zukehrte. Niemand wollte einen nackten Männerhintern sehen!

»Guud mornink«, sagte der Mann mit deutschem Akzent falsch wie laut und erhob sich zu voller Riesengestalt. Er trug eine Brille, welche die obere Hälfte des Gesichts einnahm, einer Schutzmaske nicht unähnlich, und Turnschuhe! Auf dem Rücken hing ein mächtiger Seesack, gordisch geschnürt. »Musste mir mal eben den Schuh binden.«

Blauweiße Skijacke und Tennissocken? Man konnte es wirklich übertreiben! »Nessun problema.«

»Wie meinen?«

»No problem.«

»Yäs, das verstehe ich und Kimmekörnle, der Wendelin, schimpfe ich mich.«

Alberto traute seinen Ohren nicht. Schon auf der Schwelle die erste Beschwerde auf den Lippen. »Schimpfen! Warum denn?«

»Nein, so heiße ich und komme wegen meines Zimmers.«

»Zum Rugby Match?«

»No. Se Akademie.«

»Meine Minestrone wartet.«

»Bin Deutscher und habe eine Reservierung.«

»Nicht in unserem Haus!«

»Oh ja.« Kimmekörnle wies mit dem Zeigefinger in Richtung Fußboden.

Alberto verschränkte die Arme. »Oh nein.«

»Könnte es sein, dass einer Ihrer Angestellten die Buchung entgegennahm?«

»No! Meine Frau und ich führen die Villa Buongiorno zu zweit.«

»Komisch.«

»Finde ich gar nicht, junger Mann.«

»Weil nämlich se Akademie für mich buchte.«

»Langsam wird mir das zu viel.«

»Se Whisky-Akademie in Ädinburk.«

»Habe ich noch nie gehört.«

»Sis Akademie ist brandneu. Grace Gilchrist. Sekretärin.«

»Freut mich für Sie.«

»Nono, meine Sekretärin heißt Frau Ilse Görner.«

»Hochinteressant!«

Maria trat aus der Küche, legte ihrem Gatten den Arm auf die Schulter und flüsterte ihm ins Ohr: »Denk an dein Versprechen, Tesoro.«

Alberto nickte pflichtschuldig und wartete, bis sie wieder in der Küche war. »Grace Gilchrist von irgendeiner Whisky-Schule hat angeblich ein Zimmer bei uns gebucht?«

»Yäs, se Akademie. Ädinburk.«

»Hören Sie mir gut zu. Es ist sehr simpel. Ich erklär's Ihnen. Sie wurden angeschwindelt.«

Die Miene des Mannes verfinsterte sich. »Ausgeschlossen. Mrs Gilchrist hat gesagt, es sei organisiert.«

»Sind Sie sicher, an der richtigen Adresse zu sein?«

»Yäs. Villa Bonschorno in der Leamington Terrasse, Ädinburk.«

Alberto kam ins Stutzen. »Stimmt soweit.«

Kimmekörnle verneigte sich. »Freut mich. Könnte ich jetzt mein Zimmer beziehen, bitte?«

»Lassen Sie mich noch einen Anruf machen.«

Der Deutsche nickte. »Yäs, yäs.«

Alberto zog sein Cellulare aus der Hosentasche. »Angus, ist es in Ordnung, dass ich dich anrufe?«

»Natürlich, ich freue mich immer, von dir zu hören.«

»Wegen Roaming-Gebühren und so.«

»Die Orkneys gehören, obgleich sie auf ferne Inseln verteilt sind und die Orcadians lieber für sich wären, noch immer zu Schottland.«

»Molto bene. Wie ist deine Reise?«

»Frage lieber nicht, mein Freund.«

»Kannst du gerade sprechen?«

»Ich bin alleine im Zimmer.«

»Wo ist Karen?«

»Das ist eine lange Geschichte.«

»Verstehe«, erwiderte Alberto, obwohl es nicht stimmte. »Kennst du einen Herrn Kimmerkorner. Er …«

»Kimmekörnle«, rief der Deutsche dazwischen.

»Hast du's gehört, Angus?«

»Ja, doch kenne ich den Gentleman nicht. Worum geht es denn?«

»Er sagt, dass eine gewisse Grace Gilchrist bei uns reserviert hätte.«

Kimmekörnle neigte sich zum Hörer. »Von se Akademie.«

»Verstanden?«, fragte Alberto genervt.

MacDonald runzelte die Stirn. »Alberto. Ich kenne die Whisky-Akademie, aber keine Mrs Gilchrist. Sehr wahrscheinlich arbeitet die Dame dort. Kürzlich habe ich mit Torquil Hastie telefoniert, aber er erwähnte nichts von einer Reservierung. Hast du denn noch ein Zimmer frei?«

»Muss sofort Schluss machen!«

Angus wusste nicht, was er vom hurtigen Ende der Konversation halten sollte. Zwar gab es Präzedenzfälle. Doch heute klang Alberto extrem kauzig. Als ob man ihm eine Pistole vor die Nase gehalten hätte …

»Mainland Orkney an Angus MacDonald! Bitte melden!«

Karen Miller erhob höchst selten die Stimme. Umso erstaunlicher war es in einer majestätischen Kathedrale wie *St Magnus*. »Meine Liebe, was kann ich für Sie, äh, dich tun?«

»Bitte um Verlesen der aktuellen Nachrichten.«

»Haha, sehr ulkig.«

»Sollte es nicht sein! Du klingst wie ein TV-Moderator.«

»Soso.«

»Ist das alles, was du zu sagen hast?«

Wer einen Streit vom Zaun brechen wollte, fand immer einen Anlass. »Gefällt dir das Bauwerk, Karen?«

»Besser als diese Destille!«

»Schön, das freut mich. Finde auch, die Highland-Park-Destillerie kann sich sehen lassen. Ich dachte, als Nächstes sehen wir uns den *Ring of Brogar* an.«

»Aha.«

Begeistert war kein Adjektiv, das man in dieser Situation verwendet hätte. »Für einen kulturbeflissenen Menschen wie dich könnte es interessant sein.«

»Schön.«

Jetzt auch noch der Schmollmund! Auch er hatte sich eine erbaulichere Verlobungsreise erträumt. »Möchtest du lieber etwas anderes sehen, Karen?«

»Nö, warum denn?«

In seinem Beziehungsratgeber hatte Angus gelesen, dass die Damenwelt in manchen Dingen sehr sensibel sein konnte und eine positive Antwort mitunter das Gegenteil bedeutete. »Für dich mache ich alles.«

Diese Äußerung brachte ihm ein Lächeln ein. »Angus, so lange du nicht ständig telefonierst, bin ich glücklich.«

Just in diesem Moment brummte sein portables Telefon.

»Willst du nicht rangehen?«

»Nein, denn wir befinden uns auf Verlobungsreise.« Sein Telefönchen gab nicht auf, vibrierte im Jackett hin und her.

»Es könnte wichtig sein.«

»Karen, nichts kann so bedeutend sein wie unsere gemeinsame Zeit.« Das schönste Lachen, seitdem sie sich kannten! Der Ratgeber hatte Recht. »Man geht nur einmal auf Verlobungsreise.« Ob das nicht zu dick aufgetragen war?

»Schön gesagt«, erwiderte Karen und ergriff seine Hand.

Er würde sich umgehend weitere Fachliteratur zulegen.

»Erwartest du einen dringenden Anruf?«

»Wieso?« Unwillkürlich war seine Stimme in die Höhe geklettert.

»Als ich heute Morgen im Badezimmer war, hörte es sich an, als ob du über Whisky redest.«

»So? Ja. Eventuell.« Mehr unsinnige Füllworte fielen ihm beim besten Willen nicht ein.

Karen sah ihm lange in die Augen. »Nun?«

»Ein Bekannter, Torquil Hastie, hat Ärger mit seiner Whisky-Akademie.«

»Weiß der Herr, dass wir uns auf Verlobungsreise befinden?«

»So gut kennen wir uns nicht.« Verflixt, auch das konnte gegen ihn verwendet werden!

»Lass mich raten. Du sollst umgehend nach Hause kommen und ihm unter die Arme greifen?«

»Wollen wir, äh, zum Hafen schlendern und Fish and Chips zu uns nehmen?«

»Keine gute Idee.«

»Zu windig?«

»Daran habe ich mich komischerweise gewöhnt. Nein, um überflüssige Kalorien geht es.«

Angus schüttelte unwissentlich den Kopf.

»Als Ärztin kenne ich mein Sujet sehr gut!«

»Selbstredend. Es ist nur so, dass mein Magen noch ein wenig grummelt. Nach den Früchten zum Frühstück.«

»Obst ist gesünder als dein ewiges Full Breakfast.«

»Wenn du es sagst, Karen.« Aber warum musste es ausgerechnet unreife Ananas sein?! Als das portable Telefon wieder brummte, sah er verschämt auf sein Jackett.

»Hört sich an, als ob dich jemand sprechen möchte.«

»Das geht vorbei.«

»Geh ruhig ran.«

Ob hier wieder das Prinzip der gegenteiligen Antwort galt? Wie auch immer, Menschen in Not ließ man nicht im Stich. »MacDonald hier.« Angus drückte das Telefon möglichst fest ans Ohr, damit die enervierte Stimme Hasties weniger gut zu hören war. Seine Verlobte beschleunigte den Schritt und hängte ihn mühelos ab. Musste man für die Gesundheit jetzt auch noch Sprints hinlegen? »Mach dir keine Sorgen, Torquil. Angus MacDonald lässt niemanden im Stich.« Als er das Gespräch beendete, saß Karen auf einer Bank und sah aufs Meer, gefühlte zwei Meilen entfernt. »Liebste Karen, ich habe schlechte Nachrichten.«

»Soll das ein Scherz sein?«

»Torquil Hastie geriet in große Not.«

»Pardon, es war mir nicht klar, derart langweilig zu sein.«

Angus wollte sich zu Karen auf die Bank setzen, doch mit ihrer Körperhaltung sprach sie sich dagegen aus.

»Da dieser Hastie noch nicht mal weiß, dass wir Verlobung feiern, könnt ihr euch nicht allzu gut kennen.«

»Wie du weißt, helfe ich Menschen in Not.«

»Bei versalzenen Soßen und gepanschten Schnäpsen!«

»Whiskys. Zwei- oder dreifach destillierter Spirit, der allermindestens drei Jahre im Eichenfass ruhte, ist beileibe kein Schnaps. Karen …?« MacDonald sah zur Bank. Frau Doktor hatte ihn verlassen. Er klopfte sich mit den Fingerknöcheln an die Stirn. »Mein guter Angus, du hast zwei Kardinalfehler begangen. Reden ohne Karen anzusehen und Dozieren über dein Lieblingsthema.« Reumütig trottete er zum Hotel zurück. Als er das Zimmer betrat, saß sie auf ihrer Seite des Betts und telefonierte. »Das weiß ich doch selbst. Worauf du dich verlassen kannst!« Sie beendete das Gespräch.

»Karen, schön dich zu sehen.«

»Was hat dieser Akademiemensch mit dir zu tun? Lehne doch ab. Es gibt genügend Detektive in den Gelben Seiten.«

»Doch keiner ist spezialisiert wie ich, meine Liebe.«

»Musst du mich immer so nennen?«

»Pardon.«

»Das ständige um Verzeihung bitten ist auch so eine Sache.«

»Bezüglich der Akademie sind wir über meine detektivische Tätigkeit hinaus.«

»Bitte so sprechen, dass ich es verstehen kann.«

»Torquil Hastie hat mich ferner gebeten, als Dozent tätig zu werden.«

»Wann wurde das beschlossen, wenn die Frage gestattet ist?«

Natürlich. Er hätte sich nur eine andere Tonlage gewünscht. Zu einer inhaltlich schrillen Frage gesellte sich besser versöhnlicher Ton. »Mein, äh, erstes Seminar findet in Kürze statt.«

»Vielen Dank!«

Gesagt und wieder mit einer donnernden Badezimmertür unterstreichend. Das Wörtchen »bitte«, das seinen Lippen gewohnheitsmäßig entwich, konnte er gerade noch zurückhalten. Nach einer kleinen Ewigkeit, die in der Realität etwa zehn Minuten gedauert hatte, trat Karen mit geröteten Augen wieder ins Zimmer. »Was machst du da, Angus?«

»Koffer packen?«

»Meine Sachen bleiben hier!«

»Du kannst doch dein Hab und Gut nicht zurücklassen, Karen.«

»Das hat niemand gesagt. Mein Lieber!«

»Herr Doktor, ich habe ein ernsthaftes
Problem mit dem Trinken.«
»Okay, was ist es denn?«
»Wenn ich Whisky trinke, habe ich zwei
Hände, aber nur einen Mund!«

MacDonald sieht nach dem Rechten

Grace Gilchrist nahm das Glas von der Tür. Sie hatte genug gehört. Dieser Angus MacDonald, aus irgendeinem Grund auch noch Thinnson genannt, würde also anreisen.[2] Dass der Typ auf den Orkneys seine Verlobung feierte, war einfach zu erfahren gewesen. Wofür war frau gut vernetzt! Im Büro gab es nicht viel zu tun. Nun würde sie beim Anti-MacDonald-Programm etwas Spaß haben! Schon beim Bewerbungsgespräch wähnte sie sich am richtigen Platz. Hastie war leicht um den Finger zu wickeln. Ein Mann, der bei der Gattin zu kurz kam.

Alberto goss seinem Freund Tee ein. »Maria und ich hatten uns gefreut über deine Verlobung. Schließlich bist du nicht mehr der Jüngste.«

»Ja, nun.«

»Hat Karen unser Geschenk gefallen?«

»Ich verpasste die Gelegenheit, es ihr zu überreichen.«

»Wie schade.«

»Angesichts der Umstände fiel das nicht auf, mein guter, ermittelnder Mitstreiter.«

Alberto überhörte die Anspielung auf ihre detektivische Tätigkeit. »Sir Robert ist im Garten. Bei uns fühlt er sich wohl.«

»Als ob mich das wundert, Alberto. Ihr beide habt ein feines Gespür für Katzen.«

»Tiere merken, wenn man ihnen wohlgesonnen ist. Sag, die Umbuchung der Flüge muss dich eine Stange Geld gekostet haben?«

»So viel auch wieder nicht«, antwortete Angus kleinlaut.

»Der Rückflug wird anstrengend gewesen sein? Nach dem Streit?«

---

[2] In »Bittere Orangen im Glas« lüftete MacDonald das Rätsel des zweiten Vornamens.

»Ich bin alleine zurückgekehrt.«

»Dachte ich mir.«

»Du kannst Gedanken lesen.«

»No, aber die Mimik meiner Mitmenschen deuten. Da ist zum Beispiel dieser neue Gast, den du mir vermittelt hast. Überaus verdächtiges Benehmen …«

»Alberto, ich bin momentan nicht in Stimmung, mir die Verfehlungen deiner Gäste anzuhören.«

»… an komische Namen haben wir uns als Guest-House-Besitzer in all den Jahren gewöhnt, aber Kimmekornja, der Typ legt seinen deutschen Reiseführer auf den Frühstückstisch, als ob er mir mit einem üblen Leserbrief drohen möchte. Redet von English Breakfast, obwohl wir hier in Schottland sind, wo es Scottish Breakfast, Full Scottish Breakfast oder allgemein Full Breakfast heißt.«

MacDonald stand auf und ging durch die Küche in den Garten, um nach Robert zu sehen. Alberto blieb sitzen. Maria gesellte sich zu ihm. »Hast du ihn darauf angesprochen?«

»No, habe es nicht übers Herz gebracht.«

»Mit Schweigen tust du ihm keinen Gefallen.«

»Tesoro, heute ist nicht der richtige Tag. Glaube mir.«

»Gut, ich kümmere mich um die Zimmer.«

»Sagst du mir anschließend bitte, wer noch im Haus ist?«

»Weshalb?«

»Maria, die Anzeigetäfelchen hängen nicht umsonst am Anfang der Treppe.«

»Schon gut. Ich dachte, du willst dem deutschen Gast nachspionieren.«

»Mach dir keine Sorgen, mein Schatz.«

Durchs Fenster war MacDonald zu sehen, nach seinem vierbeinigen Mitbewohner suchend. Nein, dachte Alberto, besser, er klärte das heute mit ihm.

Angus war ernsthaft verärgert über Alberto. Von wegen eine Kontaktanzeige aufgeben! Ein Mann in den besten Jahren hatte so etwas nicht nötig. Der Streit mit Karen war harmlos und konnte in unmittelbarer Zukunft geschlichtet werden. So etwas kam bei vielen Verlobungen vor. Er würde mit dem Taxi zur Akademie fahren, weil es schneller ging und sein Haussegen schiefer kaum hängen konnte. Sir Robert schaute leicht verunsichert, als er sich der Haustür näherte. »Mach dir keine Sorgen, ich bin bald zurück. Verlustiere dich derweil im Garten. Aber bitte nicht die Vogelpopulation dezimieren.« Sein Wagen stand bereits vor der Tür. »Seien Sie gegrüßt, guter Mann. Zur Whisky Academy, bitte. Kennen Sie die Adresse?«

»Ja, klar.«

Keine zehn Minuten später stieg MacDonald aus dem Taxi. The Academy befand sich in der George Street. Nicht die billigste Adresse in der Innenstadt. Aber Torquil Hastie war ein gut situierter Whisky Consultant und Autor. MacDonald fischte nach seinem Minzbonbon-Döschen, als eine elegante Dame mit Turmfrisur hurtig die Tür öffnete.

»Sie müssen dieser Mister MacDonald sein!«

»Mit wem habe ich das …«

»Grace Gilchrist«, fiel sie ihm ins Wort. »Chefsekretärin von Mister Hastie.«

»Ich wusste gar nicht, dass Torquil ein Team von Sekretärinnen beschäftigt.«

»Nein, wo denken Sie hin!«

»Der Begriff Chefsekretärin impliziert das.«

Sie reckte die Nase nach oben. »Muss ich meine Berufsbezeichnung verbergen?«

»Natürlich nicht, meine Gute.«

»Bitte?«

Aus irgendeinem Grund hatte er an Karen gedacht. »Sie verdienen mit korrektem Titel angesprochen zu werden.«

In einem Versuch, gravitätisch zu wirken, nickte sie. »Treten Sie bitte ein, Mister MacDonald.«

»Danke vielmals. Ist Torquil Hastie zugegen?«

»Sie sind verabredet, oder?«

»Natürlich, ja.«

»Wie verkaufen sich Ihre bitteren Orangen?«

»Als Autor und Journalist handele ich nicht mit Südfrüchten.«

»Aber ein Buch diesen Titels haben Sie verfasst? Wie hoch ist denn die Auflage?«

Gerade erst hatte er die Schwelle überquert und schon kam auf Umwegen die Frage nach seinem Einkommen. Immer die gleiche Leier. »Darauf habe ich eine Liste von Antworten parat, die ich Ihnen gerne e-maile.«

»Welch kuriose Antwort.«

»Danke. Führen Sie mich nun bitte zu meinem alten Freund?«

Die Sekretärin rührte sich nicht von der Stelle. »Wie ich verstanden habe, sind sie beide allenfalls Bekannte.«

Wenn diese Dame Zwist wollte, sollte sie ihn haben. »Hören Sie mir mal zu …«

»Angus, da bist du ja! Hab schon auf dich gewartet.«

Hastie trat ihm ohne Jackett entgegen, Hemdsärmel über die Ellbogen gekrempelt. Going native, nannte man das. »Was für eine nette Begrüßung«, sagte MacDonald mit einem Seitenblick zu Gilchrist und ging, die Hand zum Gruße ausstreckend, auf den Akademiedirektor zu.

»Komm herein in die gute Stube. Tee?«

»Sehr gerne.«

»Grace, wären Sie so nett?«

»Natürlich, Sir. Ihre Kanne Tee kommt sofort.«

Hastie zwinkerte ihr zu. »Danke vielmals. Nimm doch bitte Platz, Angus.«

MacDonald warf einen anerkennenden Blick auf die Wand mit Whisky-Büchern. »Wie ich sehe, hast du deine Bibliothek hier untergebracht, und vergrößert hat sie sich seit unserem letzten Treffen auch noch.«

»So ist das, wenn man auf dem Laufenden bleiben will. Aber ich schätze, deine Sammlung ist bei den vielen tollen Neuerscheinungen auch nicht geschrumpft.«

»Haha, nein, wollen wir über den Fall sprechen?«

»Fall? Du meinst das kleine Missgeschick? Falls man es so nennen möchte, denn ich finde, Mrs Gilchrist misst ihm zu viel Bedeutung zu.«

Irgendjemand atmete überlaut. In seiner Karriere als Detektiv hatte es die eine oder andere skurrile Situation gegeben. Aber das heute lief auf einen sicheren ersten Platz hinaus. »Könntest du bitte erläutern?«

Ein trat die Sekretärin, ohne Worte, übertrieben behutsam Teekanne und Tassen auf dem Schreibtisch abstellend. »Werde ich hier noch gebraucht?«

»Nein danke, Grace. Wir kommen zurecht.«

Wenn es in diesem Tempo weiterging, käme er nie mehr hier weg, fürchtete MacDonald.

»Wo waren wir stehengeblieben, Angus?«

»Dein Missgeschick …«

»Richtig. Als ich neulich abends die Akademie verließ, pöbelten mich Rowdies an.«

»Kam es zu einer Rangelei?«

»Mehr zu Unflätigkeiten.«

»Du hast etwas erwidert?«

»Natürlich nicht, Angus.«

»Was haben die Lümmel gesagt?«

»Das Übliche.«

»Etwas genauer, bitte.«

»Na, Alter, so spät am Abend noch unterwegs!«

»Bitte, und weiter …?«

»Ende.«

»Damit ich das richtig verstehe. Die Rowdies haben nur diesen einen Satz verlautbart?«

»Habe ja gesagt, es war nichts.«

»Doch deine Sekretärin denkt anders darüber?«

»Sie sorgt sich, denn ihre Schwester hatte unter einem anonymen Stöhner zu leiden.«

»Nur die Schwester?«

»Grace auch. Niemand sollte in Ausübung seines Berufes so etwas ertragen müssen.«

»Wie oft wurde Mrs Gilchrist behelligt?«

Hastie sah ihn listig an. »Am besten, wir lassen sie selbst erzählen. Grace, oh Grace.«

Mrs Gilchrist stand in olympisch schneller Zeit im Zimmer. »Sie haben gerufen, Mister Hastie?«

»Ja, setzen Sie sich doch bitte.«

»Wenn es Ihnen nichts ausmacht, würde ich lieber stehen.«

»Ganz wie Sie wollen. Angus möchte etwas fragen.«

MacDonald verschränkte die Hände über den Knien. Doch ob eines mahnenden Blicks der Sekretärin lehnte er sich wieder zurück. Hatte Mrs Gilchrist im früheren Leben in einer totalitären Institution gewirkt? »Können Sie uns etwas über diese Stöhnanrufe sagen, Mam?«

»Muss das sein, Mister Hastie?«

»Wir fürchten ja. Oder Angus?«

MacDonald neigte den Kopf.

Gilchrist hob an wie bei einer laienhaften Theateraufführung. »Zweimal geschah es. Vielleicht auch dreimal …«

»Sie wissen es nicht mehr?«

»In meinen Gedanken vermengen sich die Obszönitäten zur einem einzigen Brei.«

»Aha.«

»Glauben Sie mir nicht, Mister MacDonald?«

»Nichts könnte der Wahrheit ferner sein.«

»Ganz schön poetisch.«

MacDonald und Hastie tauschten verständnislose Blicke aus und sie spürte, zu weit gegangen zu sein. »Ich meine, Sie haben eine malerische Art sich auszudrücken, Sir.«

»Danke. Fahren Sie bitte fort, wann immer es Ihnen möglich ist.«

»Viel mehr ist nicht zu sagen. Rowdies riefen an und gaben sich ordinär.«

»Mehrere Personen demnach?«

»So könnte es wohl sein.«

»Puh«, entwich es MacDonald. Wegen solcher Lappalien hatte er seine Verlobungsreise abgebrochen und sich einen vehementen Zwist eingehandelt.

»Erlauben Sie mal! Ich musste meinem Boss das Riechsalz reichen!«

»Fällst du öfter in Ohnmacht, Torquil?«

»Nicht so lange Grace mich an dem Fläschchen schnuppern lässt.«

»Wir fürchten, dass es noch schlimmer kommt, Mister MacDonald.«

Hatte sie ein Auge auf Hastie geworfen? »Wir haben keine weiteren Fragen an Sie, Mrs Gilchrist.«

»Danke, Grace«, sagte Hastie und nickte ihr zu.

Sie strich sich den Rock glatt. »Gentlemen. Falls Sie mich noch benötigen, ich bin in Ihrer Nähe.«

MacDonald wartete, bis sie die Tür von außen geschlossen hatte. »Torquil, ich würde dich gerne etwas fragen.«

»Was immer du möchtest.«

»Schön, es ist ja so, dass du jedes Jahr deinen Whisky-Almanach publizierst und …«

»Das ist der Sinn eines Almanaches.«

»Stets ist dein Werk ein Bestseller. Eine Übersicht aller schottischen Destillerien, Geschmacksnotizen, Statistiken, Tabellen, Berichte über ausländische Destillen. Nicht zu vergessen die themenbezogenen Artikel zu Beginn des Buches. Besser geht es nicht. Freue mich jedes Jahr aufs Neue darauf.«

»Du bist enttäuscht, dass ich dich dieses Mal nicht um einen Beitrag bat? Stimmt's, Angus?«

»Nein, denn ich bin ja nicht der einzige Whisky-Autor der Welt. Aber es stellt sich mir die Frage, warum du eine sehr arbeitsintensive Akademie ins Leben riefst?«

»Irgendjemand muss das Fachwissen weitergeben, Angus. Viel Geld springt bei diesem Unternehmen noch nicht raus. Das bringt mich zu einem heiklen Thema.«

»Ja?«

»Du hattest ja zugesagt, als Dozent einzuspringen, für den kranken Kollegen?«

»So ist es.«

»Wegen deiner Bezahlung …«

MacDonald winkte ab. »Ich benötige kein Honorar, Torquil.«

»Bist du sicher?« Hastie hatte einen Gesichtsausdruck wie ein Mann, dem die Todesstrafe erlassen wurde.

Angus wehrte mit beiden Händen ab. »Prahlen will ich nicht. Doch bereits vom Verkauf meiner Bücher könnte ich gut leben. Dann schreibe ich ja noch Artikel, bin Whisky Consultant und darf hin und wieder im Fernsehen auftreten.«

»Schön, schön«, sagte Hastie schmallippig. »Sag, Angus, wie funktioniert das mit deiner Tätigkeit als Detektiv?«

»Nur zum Wohle authentischen Essens und Trinkens, ergo ebenfalls kostenfrei.«

»Du bist ein guter Mensch.«

»Nicht der Rede wert.« MacDonalds Telefon vibrierte stürmisch in seinem Jackett.

»Würdest du mich entschuldigen? Es könnte etwas Familiäres sein.« Angus drückte unbeholfen die grüne Taste. »MacDonald hier.«

»So geht das nicht, Angus!«

»Alberto, wie schön von dir zu hören.«

»Jetzt steht schon wieder jemand in meinem Korridor!«

»Beruhige dich bitte.«

»Du hast leicht reden.«

»Ist es so ungewöhnlich, dass in einem Hotel Gäste auftauchen?«

»Guest-House.«

»Tausche bitte das Substantiv in meiner Frage aus.«

»Bitte? Ist ja auch egal. Wendy Hamilton.«

»Wie geht es der Dame?«

»Du kennst sie?«

»Nein, ich habe nur einen Kalauer gemacht.«

»Das passt mir im Moment gar nicht.«

»Es war Alberto Vitiello, der mir vorwarf, zu bieder zu sein.«

»Wer, ich?«

»Mehr als einmal. Dein neuer Gast heißt also Wendy Hamilton. Wie kann ich dir helfen? Soll ich ihr Zimmer vorbereiten?«

»Würdest du das machen?«, fragte Alberto.

»Nein.«

»Haha, wieder ein Scherzchen! Die Dame sagt, du hättest sie geschickt. Erst kommt dieser Kimmekorner und nun das.«

»Seid ihr ausgebucht?«

»No! Trotzdem müssen wir informiert werden, bevor uns Gäste gesendet werden. Sonst endet die Welt im Chaos.«

»Eure Guest-House-Welt, ja?«

»Ist das Gleiche.«

»Eine Sekunde mal, Alberto.« MacDonald hielt das Telefon von sich weg. »Torquil, kann es sein, dass ihr meinem Freund Alberto Vitiello Gäste gesendet habt?«

»Davon weiß ich nichts.«

»Mrs Gilchrist eventuell?«

»Ja, das könnte sein.«

»Würdest du sie bitte rufen?«

»Grace, oh Grace.«

Noch eine schöne Melodie unterlegt und aus dem Song konnte etwas werden, dachte MacDonald. Vielleicht als Telefon-Warteschleifenmusik.

»Sir?« Zwischen Hasties Ruf und ihrem Erscheinen war nur der Bruchteil einer Sekunde vergangen. »Wie kann ich helfen?«

»Sendeten wir einem Herrn Alberto Gäste?«

»Wer ist denn Herr Alberto?«

»Mister Vitiello von der Villa Buongiorno im schönen Fountainbridge.«

»Selbstredend, haben wir.«

»Davon wusste ich gar nichts.«

Gilchrist wurde unmutig. »Weil doch die andere Sache platzte …«

»Jetzt erinnere ich mich. Die andere Sache, natürlich.«

Angus konnte die Blicke, welche die beiden sich zuwarfen, nicht deuten. Spielte Hastie nur mit oder erinnerte er sich tatsächlich? »Mister Vitiello hat einen Herrn Kimmkorn und eine Frau Hamilton untergebracht. Werden ihn noch mehr Seminaristen beehren?«

»Prego?«, rief Alberto im Hintergrund.

»Moment bitte, mein Freund.«

»Nur eine weitere Person«, erklärte Gilchrist. »US-Amerikaner.«

»Meine Güte!«, antwortete MacDonald.

»Haben Sie Vorbehalte gegenüber den Vereinigten Staaten von Amerika?«

»Nein, ich nicht. Darf ich fragen, wie Sie auf das Hotel meines Freundes gekommen sind, Mrs Gilchrist?«

»Gelbe Seiten.«

»Das kann nicht sein.«

»Zweifeln Sie etwa meine Fähigkeiten an?«

»Nein, aber die Villa Buongiorno ist in den Gelben Seiten nicht zu finden.«

»Meinethalben war es der Tourist Board.«

»Auch schwer möglich.«

»Du liebes bisschen, dann eben aufgrund irgendeiner Empfehlung.«

Am liebsten hätte MacDonald sich die Haare gerauft. Wenn Karen erführe, dass er wegen einiger Unflätigkeiten die Orkneys verlassen hatte … Nein, das stimmte nicht. Er würde ja auch noch als Dozent aushelfen. Gefühle konnten trügerisch sein, doch er vermutete, dass noch etwas anderes vorgefallen war.

»Ein guter Entschluss fürs neue Jahr ist, optimistisch zu sein, indem man sein Glas immer halbvoll macht. Mit Whisky!«

Alberto ärgert sich

Nach dem Streit mit Karen hatte MacDonald mehrfach versucht, sie zu erreichen. Doch musste er mit dem Anrufbeantworter vorliebnehmen. Wie sollte man sich versöhnen, wenn jeder Versuch im Keim erstickte wurde? Wahrlich, die Damenwelt machte es den Herren nicht einfach. »Wir dagegen sind pflegeleicht, nicht wahr, Sir Robert?« Der Duft gebratenen Specks hatte seinen vierbeinigen Mitbewohner aus dem Garten in die Küche gelockt und nun scharwenzelte er ihm um die Beine. »Wissend, dass ich dich am Tisch nicht füttere, erhoffst du dir dennoch einen Leckerbissen. Welch Kampfgeist! Auch darin ähneln wir uns. Ha, wie ein älteres Ehepaar! Bleibt sehr zu hoffen, dass wir uns äußerlich nicht angleichen. Stell dir das mal vor, Robert, ich stark behaart und du im Harris-Tweed-Jackett.« Obwohl sein neuer Fall nicht gerade interessant schien, bot er willkommene Zerstreuung. Grace Gilchrist erschien ihm bereits verdächtig. Würde eine exquisite Sekretärin im neuen, geradezu winzigen Unternehmen beginnen? Torquils Begründung für die Akademiegründung hinkte bei genauem Betrachten auch ein wenig. Zur Weitergabe von Whisky-Wissen gab es viele Optionen. Eine davon hieß »Schreib ein Buch!« Oder besser: weitere Bücher. Hastie war ein etablierter Autor. Zugegeben, der Almanach erschien im Eigenverlag. Doch seine Reputation wäre groß genug, um mit jedem beliebigem Thema bei einem anderen Hause unterzukommen. Wieso hatte nie einer der großen Whisky-Buch-Verlage angeklopft, um Torquils Band zu publizieren? Verkaufte er nicht mehr so viele Exemplare? Falls ja, könnte das mit der Akademie kompensiert werden? Robert war sein Monolog zu viel geworden. MacDonald hörte die Klappe, die ihm Zutritt zum Garten verschaffte, scheppern. »So sei es! Fröhliches Jagen wünsche ich.« Sein Kater erlegte Mäuse und lehrte Füchse das Fürchten. In der menschlichen Nachbarschaft war er sehr beliebt, an Überpfunden zu erkennen. Den Rest des Vormittag verbrachte Angus mit einer Internet-Recherche, gab bei verschiedenen Suchmaschinen Kombinationen von Grace Gilchrist und Sekretärin ein, allesamt erfolglos. Keine Spur der angeblich erfolgsverwöhnten Dame. Entweder sie schwindelte oder irgendjemand hatte alle ihre Spuren gelöscht. Ob sie in der Akademie untergetaucht war? Zu Hasties neuem Almanach gab es keine Zeitungsrezensionen, nur die üblichen Amateurkommentare auf Verkaufsplattformen und in Blogs, nicht alle davon positiv. Angus gab es ungern zu, aber hier kämen ihm die Talente von Signor Vitiello zupass. »Die Schule des Lebens ist die beste Schule«, hatte er mehr als einmal erklärt. Zwar stimmte er nicht vorbehaltlos zu, doch gewisse gedankliche Kombinationen im kniffligen Alltag der Detektive gelangen seinem Freund wirklich besser. MacDonald pflegte die Feinheiten des Denkens, gedrechselt, sophistisch. Deshalb ergänzten sie sich so gut. Maria hatte ihm anvertraut: »Trotz seiner gelegentlichen Klagen spielt er gerne den Detektiv. Natürlich freue ich mich auch, wenn mein rastloser Gatte mal das Haus verlässt.«

Alberto tastete schlaftrunken nach dem Telefon.

»Mach doch Licht. Dann siehst du besser«, sagte Maria.

»Wollte dich nicht wecken, Tesoro.«

»Alberto!«

»Sisi, bin ja schon dabei. Vitiello knipste die Nachttischlampe an, die für nur spärliche Beleuchtung sorgte, denn ein Leser wie seine Frau war er noch nie gewesen. »Wo ist denn mein Telefonino?«

»Ich habe dir doch gesagt, dass du es nicht ins Schlafzimmer schleppen sollst. Zu oft werden wir davon geweckt!«

»Hab's vergessen. Hilfst du mir suchen?«

Maria hievte die Beine aus dem Bett.

»Wo gehst du hin?«

»Kräutertee kochen.« Sie ging zum kleinen Tischchen am Fenster, um den Wasserkocher zu füllen.

»Da ist es ja, in meinen Hausschuh. Villa Buongiorno, es ist zwei Uhr nachts!«

Am anderen Ende war ein gewaltiges Räuspern zu hören, vermutlich ein Raucher. »Sie haben Unrecht.«

Alberto kniff sich in den Arm, aber es war kein Traum.«

»Es ist acht Uhr am Abend.«

»Nein!«

»Ich muss es wissen, habe ich doch einen Vermerk in meinem Kalender gemacht. Warten Sie bitte.«

Alberto riss den Hörer vom Ohr, um unangenehmem Papier-Rascheln zu entgehen.

»Hier steht es schwarz auf weiß: Um acht Uhr Hotel anrufen und …«

»Wir sind ein Guest-House und kein Hotel.«

»Ist dasselbe, oder?«

»Assolutamente no!«

»Warum nicht?«

»Zum Beispiel haben wir keinen Nachtportier!«

»Wer sind Sie?«

»Alberto Vitiello.«

»Italiener? Wir essen sehr gerne New York Pizza.«

»Sir, ich bin kein Fan von Pizza und die einzig wahre Form gibt es in Napoli!«

Maria stellte sich neben ihn und machte das internationale »Pst«-Zeichen.

»Sisi, capito.«

»Was haben Sie gesagt, Mister?«

»Ist nicht so wichtig. Sie wollen also ein Zimmer buchen?«

»Nein.«

»Was dann?!«

»Meine Reservierung bestätigen.«

»Ihnen will ich mal …« Maria reichte ihm einen Becher Kräutertee. »Fahren Sie bitte fort.«

»Mein Name ist Martin Meiklejohn und …«

Si, und ich bin der Weihnachtsmann. Kein Mensch hieß Meiklejohn! Alberto würde sich einen Spaß erlauben. »Sehr angenehm, wir freuen uns auf Ihren Besuch.«

MacDonald hatte lange darüber nachgedacht und am Ende beschloss er, den Anruf zu tätigen. Reginald willigte einem Treffen ohne Zaudern zu. Während des letzten Falls erwies sich der Butler als tatkräftiger Helfer. Nicht jeder Mensch schleuderte im Dienste des Guten gefüllte Schafsmägen auf Eindringlinge und traf auch noch![3]

MacDonald hatte eine Kanne Darjeeling bereitet und mit Scones, Clotted Cream und Marmelade auf dem Wohnzimmertisch drapiert. Schlag 17 Uhr klingelte Reginald. MacDonald strich sich über das ockerfarbene Harris-Tweed-Jackett und schritt zur Haustür.

»Reginald, pünktlich wie immer.«

Der Butler, noch in Dienstkleidung, nickte knapp und dabei huschte ein Lächeln über sein Gesicht, stumme Bestätigung des Lobes. Es mit Worten zu tun, wäre ungebührend.

»Treten Sie doch bitte ein. Schön, dass Sie sich etwas Zeit für mich nehmen können.«

»Für Sie immer, Mister MacDonald. Nie werde ich vergessen, was Sie für mich getan haben.«

MacDonald klopfte ihm beinahe auf die Schulter, konnte sich aber noch in ein Hüsteln retten. »Sie übertreiben. Nicht der Rede wert.«

»Es war mitnichten eine Kleinigkeit, Sir.«

»Wenn Sie meinen, Reginald. Folgen Sie mir bitte ins Wohnzimmer.« MacDonald sah Reginalds Zögern, der sich erst nach ihm setzen wollte. »Da Sie mein Gast sind …«

»Sehr gerne, haben Sie herzlichen Dank.« In einer routinierten Bewegung warf er die Schöße seines Gehrocks nach hinten.

War es ein Fehler gewesen, Reginald eine andere Anstellung zu verschaffen? Auch dabei hatte Frau Doktor das letzte Wort

[3] MacDonald spielt hier auf »Bittere Orangen im Glas an«.

gehabt: »Angus, mit einem Butler bewegst du dich noch weniger!«

»Sir, wir können gleich zur Sache kommen, wenn Sie möchten.«

»Sehr nett von Ihnen, Reginald. Doch lassen Sie uns eine Tasse Darjeeling trinken, ja?« Angus goss Tee ein und deutete auf die Scones. »Bitte, bedienen Sie sich. Wie ist es Ihnen in der Zwischenzeit ergangen?«

»Sehr gut, Sir. Dank Ihrer Hilfe habe ich wieder eine exzellente Position.«

»Das freut mich.«

»Wie geht es Ihrer reizenden Frau Stiefmutter in spe?«

»Meiner Stiefmutter in … Sie meinen Mrs Armour. Ich nehme an gut.«

»Solch nette Verlobten wie Mrs Armour und Ihren Vater trifft man nicht alle Tage.«

Machte Reginald eine Anspielung auf seine geplatzte Verlobungsreise? Nein, Angus! Woher soll er das denn wissen? »Ihnen ist aufgefallen, dass ich bei unserem letzten Gespräch etwas wortkarg war?«

»Ich vermutete, dass Sie aus Sicherheitsgründen am Telefon nicht mehr sagen mochten.«

»Auch, ja. Wie Sie wissen, bin ich neben meiner hauptberuflichen Tätigkeit als Detektiv tätig. Kürzlich bat mich ein Bekannter um Hilfe. Sein Name ist Torquil Hastie.«

»Jener Gentleman, der die Edinburgher Whisky-Akademie gründete?«

»Sie sind im Bilde?«

»Ein Freund von mir hatte sich auf eine Stellenanzeige hin beworben.«

»Als Butler, wenn ich fragen darf?«

»Jawohl. Mehr darf ich nicht sagen.«

»Natürlich. Mister Hastie wird in unschöner Weise bedrängt, und ich habe versprochen, ihm aus der Patsche zu helfen.«

»Sehr nobel von Ihnen.«

»Es geht mir auch um die Sache, Reginald. Missetäter gegen authentisches Essen und Trinken dulde ich nicht.«

»Besonders wenn dabei auch noch Menschen zu Schaden kommen. Wenn ich mich korrekt erinnere?«

»Meine Idee mag Sie erstaunen, vielleicht sogar erschrecken. Zögern Sie also nicht abzulehnen, wenn Sie sich unwohl dabei fühlen.«

Alberto sah den Eindringling fassungslos an. Ein schlanker Amerikaner passte nicht in sein Weltbild, Endfünfziger mit schwarz gefärbtem Haar und gebleichtem Zahnpasta-Lächeln.

»Zum dritten und letzten Mal: Mein Name ist Meiklejohn. Martin Meiklejohn.«

Wie war der Bursche so schnell hierhergekommen? »Das ist doch kein amerikanischer Name.«

»Sie sind Experte auf dem Gebiet?!«

Vitiello betrachtete Meiklejohns dunkelroten Teint, eindeutig Bluthochdruck. »Ja, durch Jahrzehnte als Guest-House-Besitzer.«

»Sehr wahrscheinlich halten Sie auch alle Yanks für übergewichtig! Kann ich mein Zimmer sehen? Wozu habe ich denn von den Staaten aus reserviert?«

»Welche Staaten?«

»Vereinigte Staaten von Amerika! Der Stimme nach zu schließen habe ich mit Ihnen telefoniert. Ist noch nicht lange her!«

»Sie sind der Mensch, der mich und meine Frau um den verdienten Schlaf brachte?«

»Woher soll ich wissen, wann Sie im Bett liegen?«

»Z-E-I-T-V-E-R-S-C-H-I-E-B-U-N-G. Sie wohnen in diesen … Staaten und legen sich später ins Bett.«

»Gratis-Tipp für Sie: NACHTPORTIER.«

Fast imponierte der Kerl ihm! Die meisten Gäste gaben früher auf. Dennoch musste er ihm zeigen, wer der Meister war! »Guest-Houses werden von Ehepaaren geführt, mein Herr! Weder Mann noch Frau arbeiten als Nachtportier, weil wir nach der vielen Arbeit am TAG erschöpft sind.«

»Nicht okay.«

»Doch!«

»Nein!«

Maria kam aus dem Wohnzimmer und ging zügigen Schrittes zur Haustür, um Angus, der sich telefonisch angekündigt hatte, zu öffnen.

»Hier geht es zu wie beim CVJM!«, rief Vitiello.

»Yes, das sehe ich auch so!«, erwiderte Meiklejohn.

»Ihnen will ich mal was sagen …«

Maria wurde es zu viel: »Alberto, Schluss jetzt! Ich kümmere mich um den Herrn.«

»Mir soll's recht sein. Viel Erfolg!«

»Du gehst sofort mit Angus ins Wohnzimmer.«

Angus schob seinen Freund mit großen Schritten in die gewünschte Richtung. Als der Boden wackelte, hielten alle Parteien inne und blickten nach unten. Just in diesem Moment beschloss der Gourmet, ein ganz spezielles Kochbuch zu verfassen. »Deine Gattin möchte, dass du mir bei meinem neuen Fall hilfst.«

»Na, ich weiß nicht so recht …«

»Sie hat es nicht zur Disposition gestellt.«

»Gerne stehe ich dir zur Verfügung. Wann fangen wir an?«

Angus lächelte. Es war überdeutlich, wer in diesem Hause die Hosen anhatte. »Wie wäre es mit jetzt gleich?«

»Das kommt mir ein bisschen … natürlich. Worum geht es?«

»Warum hast du du unser letztes Gespräch so schnell beendet?«

»Minestrone. Meine Suppe brannte beinahe an.«

»Ein triftiger Grund.«

»Du verstehst das. Im Gegensatz zu Maria. Wie geht es Karen?«

»Gut. Thema Whisky Academy …«

»Bei uns in Edinburgh?«

»Dürfte ich bitte fortfahren?«, fragte MacDonald.

»Bin ganz Ohr.«

In wenigen Minuten hatte MacDonald seinen Freund auf den aktuellen Stand gebracht.

»Angus, ich bin stolz auf dich. Die Idee mit Reginald könnte von mir stammen. Sherlock und Watson, das alte Team wieder vereint! So, jetzt muss ich mich an die Arbeit machen.«

»Wo willst du denn hin, mein Freund?«

»Unsere Riesenhandtücher entmotten.«

»Alberto, nicht alle Amerikaner tragen Übergrößen.«

»No, aber die Dicken kommen immer zu mir!«

»Du meinst, der schlanke Meiklejohn zieht Landsleute mit Übergrößen nach sich?«

»Ein Guest-House-Besitzer ist auf alles vorbereitet.«

Zu Hause begab sich Angus in sein Versuchslabor. »Es ist mitunter erheiternd, woher ein Wink für ein neues Kochbuch kommen kann, Robbie. In diesem Fall vom knarrenden Boden!« Sir Robert war, was seinen Namen anbelangte, sehr eigen und reagierte ausschließlich auf diesen! »Dann ist es also beschlossen. Um abzunehmen, schreiben wir ein Kochbuch über Veggie Soul Food. Kein Kalorienbombardement soll es werden. Leichte Rezepte schweben mir vor und Frau Doktor wird stolz auf uns sein. Den Anlass für meine Bekehrung muss ich ja nicht nennen.«

Als Herrchen den Küchenschrank öffnete, schöpfte Robert wieder Hoffnung. Sollte doch ein kleiner Snack für ihn abfallen? Er hätte nichts dagegen. MacDonald inspizierte seine Vorräte. »Wir beginnen mit dem Klassiker Baked Beans, mein treuer Weggefährte.«

Für ausgewachsene Kater sehr unpassend! Robert ergriff die Flucht.

Ein Mann kommt in eine Bar.
Der Bartender fragt ihn, was er trinken möchte.
Der Mann antwortet: »Ein Bier und einen Whisky,
bevor der Ärger beginnt.«
Der Bartender gibt ihm seine Getränke.
An den folgenden Abenden geschieht das Gleiche.
Irgendwann fragt der Bartender seinen Gast,
welchen Ärger er denn meine.
Der Mann erwidert: »Geben Sie mir noch
ein Bier und ich erzähl's Ihnen.«
Der Bartender antwortet:
»Tut mir leid, aber Sie haben Ihr Limit für
heute bereits überschritten.«
»So, jetzt beginnt der Ärger!«

Rastlose Detektive

»Hier Hastie. Was kann ich für Sie tun?«

»Da bist du ja, Torquil!«, sagte Angus aufgeregt und presste das Telefon fester ans Ohr.

»Wo soll ich denn sonst sein?!«

MacDonald fielen in der schönsten Stadt der Welt eine Menge Plätze ein, an denen Hastie sich hätte aufhalten können. Auch ein freundlicher Ton wäre angebracht. »Es ist nicht so wichtig. Ich habe eine Frage.«

»Ja?«

»Haben die Teilnehmer allesamt Seminar und Logis bei euch gebucht?«

»Du meinst eine Kombo?«

»Bitte?«

»Kombo für Kombilösung.«

»Von der Formulierung abgesehen, wie lautet deine Antwort?«

»Angus, dir kann man heute schwer folgen.«

»Ich bitte um Nachsicht.«

»Akzeptiert.«

»Als Entschuldigung war das nicht zu verstehen!«

»Siehst du, das meine ich. Reden in Rätseln.«

Das durfte nicht wahr sein! »Wo bitte sind die Teilnehmer untergebracht, die nicht in der Villa Buongiorno nächtigen?«

»Das weiß ich doch nicht.«

»Du wärst aber bereit, es für uns zu eruieren?«

»Uns? Ja, natürlich«, erwiderte Hastie umgänglicher. »Bleibst du dran?«

»Gewiss.« Fünf lange Minuten wartete Angus. Seine Zeit war kostbar, so gerne er Freunden in der Not half. Ermittlungen waren immer noch ein Hobby. »Hallo, Torquil Hastie, bitte melden.«

»Sie wünschen?«

Hatte Mrs Gilchrist übernommen? Faxen über Faxen! »Hier ist immer noch Angus MacDonald.«

»Es gibt Fragen zum Package? Wir geben Empfehlungen, reservieren auch.«

»Wo bitte sind die Teilnehmer untergebracht, die nicht in der Villa Buongiorno wohnen?«

»Vermutlich zu Hause«, antwortete die Sekretärin knapp.

»Bitte, wo?«

»ZUHAUSE.«

Er war fast geneigt, in ebensolcher Lautstärke zu antworten. Kein höfliches Verhalten und so erwiderte er moderat: »Haben Sie großherzigen Dank, Mrs Gilchrist. Hab's immer noch nicht verstanden.«

»Warum wollen Sie das denn wissen?«

»Mir fiel auf, dass bei Mister Vitiello nur drei Seminarteilnehmer wohnen.«

»Nicht meine Schuld.«

»Selbstverständlich nicht, meine Gute.«

»Bitteschön?«

»Sie tragen nicht die Verantwortung, sagte ich.«

»Die anderen beiden sind aus Edinburgh.«

»Da wäre noch eine weitere Sache …« Schweigen in der Leitung. Ein höflicher Mensch hätte irgendeinen Laut der Zustimmung von sich gegeben. »Ich würde gerne einen Gast mitbringen.«

»Zu mir?«

»Nein, in die Akademie, Mrs Gilchrist.«

»Wir haben keinen Tag der offenen Tür geplant.«

»Lassen Sie mich präzisieren: zu den Seminarteilnehmern käme noch jemand dazu.«

»Ausgeschlossen.«

Diese Dame überschritt ihre Kompetenzen. »Wenn das so ist, geben Sie mir bitte noch einmal Mister Hastie.«

»Nein.«

»Haben Sie nein gesagt?«

»Ja, genau.«

»Grace, genug. Angus, bis du noch dran?«, fragte Hastie.

»Leider ja.«

»Was hast du auf dem Herzen?«

»Ein guter Bekannter von mir möchte sich im Metier des Whiskys kundig machen.«

»Sehr schön. Das freut mich.«

»Da habe ich mich gefragt, ob ich ihn mitbringen könnte.«

»Etwa zu uns? Welch ungewöhnlicher Wunsch.«

»Findest du?«

»Gegen Bezahlung?«

Das schlug dem Fass den Boden aus. »Eher weniger.«

»Sehr schwierig.«

»Wie wäre es denn, wenn ich einen persönlichen Assistenten bräuchte?«

»Wollte dieser Mensch auch Whisky trinken in den Seminaren?«

»Nicht zwangsweise, und falls ja, dann kaum merkliche Mengen.«

»Etwas Geduld.«

Fehlte nur noch, dass Musik aufgelegt wurde, während er sich mit der Sekretärin beriet. Eindrücklich, wie viel diese Dame zu sagen hatte. Nicht zu reden von Hasties krasser Geldgier, sparte er sich ja einen Referenten und den privaten Detektiv noch dazu.

»Hallo, Angus, hallo.«

»Am Apparat.«

»Wir können eine Ausnahme machen.«

»Da bin ich aber hocherfreut. Noch eine letzte Bitte. Könntest du mir die persönlichen Daten der Teilnehmer zukommen lassen?«

»Augenblick mal.«

Ob Hastie der Besitzer der Akademie war? Langsam kamen MacDonald Zweifel.

»Nein, fühlen uns nicht wohl dabei.«

»Ihr?«

»Ich. Mich. Nicht wohl.«

»Torquil, lasse dir etwas erklären. Die Arbeit des Detektivs ist anspruchsvoll und nimmt gehörig Zeit in Anspruch …«

»Denke ich mir, Angus.«

»Könnte ich bitte fortfahren?«

»Ja.«

»Ohne unterbrochen zu werden?« Am anderen Ende der Leitung hörte MacDonald einen tierischen Laut, der sich wie ›umpf‹ anhörte. »Auch bin ich nicht gewohnt, dass unsere Ermittlungsmethoden in Frage gestellt werden. Sie sind nicht die Grundlage für eine politische Debatte.«

»Oder ein Akademieseminar«, warf Hastie gehorsam ein.

»Exactly right. Im Übrigen arbeite ich bei jedem Fall mit meinem persönlichen Doktor Watson zusammen, Alberto Vitiello.«

»Angus …«

»Ja, bitte?«

»Ist dieser Vitiello mit dem Guest-House-Besitzer verwandt oder handelt es sich zufällig um den gleichen Namen?«

War es ungehörig anzunehmen, dass Hastie auf den Kopf gefallen war? Stand er unter dem Einfluss bewusstseinsverändernder Drogen? »Dieselbe Person.«

»Ein Hotelier, der in seiner Freizeit schnüffelt?«

»Welch drolliger Ausdruck. Alberto schnüffelt aber nicht mehr und nicht weniger als ich. Außerdem sprechen wir Detektive von ermitteln.«

»Maria, das kann kein Zufall sein«, sagte Alberto, während er am Herd stehend Kimmekörnles großes Frühstück briet.

»Erklärst du es mir bitte noch mal?«, fragte seine bessere Hälfte mit einem ironischen Unterton, der ihm entging.

»Wir haben drei Gäste von dieser Whisky-Akademie.«

»Si, weil die Sekretärin alle zu uns sendete.«

»Hoho! Aber warum?«

Maria straffte die Ärmel ihres eleganten, fliederfarbenen Pullovers. »Ist mir gleich, so lange sie ihre Rechnung zahlen.«

»Du hast Zweifel daran?«

»Kann ich dem deutschen Gast jetzt sein Frühstück bringen?«

»Natürlich.« Alberto zog den großen Teller aus der Mikrowelle und hievte Schinken, Rührei, Tomatenhälften, Pilze, Würstchen und Black Pudding darauf. »Bitte schön, Signorina.«

»Spar dir die Komplimente, du alter Charmeur«, antwortete sie, freute sich aber doch. Als sie in den Frühstücksraum trat, waren alle Gäste zugegen, zwei von ihnen in ansprechbarem Zustand. Meiklejohn, der auf einem Fensterplatz bestanden hatte, schnarchte laut, Arme verschränkt und Füße auf der Heizung. Kimmekörnle, der Wendelin, bekam über seinem Teller glänzende Augen und wäre gerne salutierend aufgestanden. »Senk you wärri much«, sagte er servil, als Maria den Teller auf seinen Tisch stellte. Wendy Hamilton grinste, ohne preiszugeben, was sie mehr amüsierte, das steife Verhalten des Deutschen oder ein schnarchender Yank. Als künstlerischer Freigeist tolerierte sie alles, was jemand sagte, dachte oder tat. Ihre Kleidung, orientalisch anmutende Pumphose und lange Bluse, hatte sie eigenhändig gefärbt. Niemand sollte tragen, was sie trug. Maria griff nach der Frühstückskarte, welche die Gäste ausgehändigt bekamen. »Sie haben gar nichts angekreuzt, Mrs Hamilton?«

»Vielleicht etwas Vegetarisches.«

»Baked Beans?«

»Warum nicht.«

Maria nickte und ging zu Meiklejohn. »Hallo, Sir.« Der Amerikaner schnarchte noch lauter.

»Warum halten Sie ihm nicht die Nase zu?«, fragte Mrs Hamilton und kicherte wie ein kleines Mädchen.

»Hoffentlich ist er kein Schlafwandler«, sagte Kimmekörnle.

»Im Sitzen?«, fragte Mrs Hamilton.

»Das viele Wandeln muss doch irgendwann ermüden.«

»Wenn Sie es sagen, mein Herr.«

»Kimmekörnle, der Wendelin, schimpfe ich mich.«

»Ist das Ihr Ernst?«

»Ich habe keinen Grund, einen Codenamen zu verwenden«, antwortete der Deutsche stirnrunzelnd.

»Wendy Hamilton.«

Kimmekörnle stand auf und verneigte sich, die Hände an die Seiten gepresst. »Angenehm, gnädige Frau.«

Maria rüttelte Meiklejohn leicht am Arm und mit einem letzten Schnarchlaut kam er zu Bewusstsein. »Wo bin ich?«

»Edinburgh, Scotland.«

»Sprechen Sie Gälisch?«

»Nein, und die meisten Schotten beherrschen es auch nicht.«

»Das kann doch nicht wahr sein! In der Hauptstadt des Landes.«

»Sie meinen vermutlich Scots. Damit sieht es viel besser aus.«

»Nein, Gälisch, Mam. Als Hoteliersfrau sollten Sie das wissen. Ich muss so oft wie möglich die Sprache hören, solange ich hier bin.«

»Viel Erfolg damit. Ihr Frühstückswunsch?«

»Was isst der Herr mir gegenüber?«

»Full English Breakfast«, erklärte Kimmekörnle.

»Wieso denn English?«, wollte Meiklejohn wissen.

»So nennt man auf den Britischen Inseln das große Frühstück, sagte der Deutsche.

»In Irland auch?«, wollte Mrs Hamilton wissen.

»Aber ja.«

Sie klatschte in die Hände. »Großartig!«

»Full Breakfast für den Herrn also«, sagte Maria und verließ den Raum.

Alberto saß im Wohnzimmer und starrte auf seinen Bildschirm.

»Dich kann man keine Minute alleine lassen. Ich dachte, wir hatten uns darauf geeinigt, die Überwachungskamera nicht mehr einzusetzen.«

»Maria, als ermittelnder Detektiv habe ich keine andere Wahl.« Er drehte den Ton lauter. »Scusa, ich muss hören, was sie miteinander sprechen.«

»Erst nachdem du Baked Beans und noch ein Full Breakfast gekocht hast.«

»Hat der Deutsche wieder von Full English gesprochen?«

»Si, Signore. Er ist ja noch nicht lange hier. Vielleicht lernt er es noch.«

»Das kann ich mir nicht vorstellen!«

MacDonald bereute, seinen Co-Detektiv erwähnt zu haben. Undercover-Ermittlungen in der Akademie schieden für Alberto nun aus. Es sei denn, er verwendete einen anderen Namen und geeignete Verkleidung. Die Biografie-Bögen der Teilnehmer, wie Mrs Gilchrist das in zwei langen Telefonaten immer wieder nannte, lagen auf dem Tisch. Beachtlich, was alles abgefragt wurde: neben der Adresse auch Geburtsdatum, Geburtsort, Körpergröße, Schuhgröße, Gewicht, Beruf, Haustiere und Hobbys. Sollten die Seminaristen für eine Privatarmee rekrutiert werden? Hatte der *Duke of Atholl* zu wenig Männer? Die Frage nach Haustieren konnte er verstehen. Wenn jemand allergisch gegen Katzen war, konnten Haare auf der Jacke eines anderen problematisch werden. Körpergröße? Hatte Hastie in seiner Sparsamkeit Kindermöbel gekauft? Hobbys? Natürlich, schrieb jemand Wasserskifahren, konnte der betuchte Zeitgenosse um eine Spende für die Akademie angegangen werden! Über Fotos (die seltsamerweise auch gefordert wurden) hatte MacDonald zusätzlich verhandeln müssen. »Wir können in Teufels Küche kommen.«

»Eher nein, Mrs Gilchrist.«

»Doch, doch.«

»Vertraulichkeit steht bei uns Detektiven ganz oben auf der Liste.«

»Nein.«

So ging es viel zu lange hin und her. »In dem Fall verbinden Sie mich bitte mit Mister Hastie.«

»Warum wollen Sie die Leute untersuchen?«

»Mrs Gilchrist, ich gehe ex negativo vor, möchte ausschließen, dass einer von ihnen der Täter ist. Zugleich darf ich erwähnen, dass sich hinter Taten der Leidenschaft oft Verwandte und Freunde verbergen.«

»Gut, Sie bekommen alle gewünschten Unterlagen, Mister MacDonald!«

Es war nicht untertrieben, die Dame für feindlich zu halten. Wollte sie einen ihr bekannten Detektiv engagieren? Das scheiterte an Torquils Knauserigkeit! Vermutlich war sie deshalb so wütend. Zum Sichten der Unterlagen musste eine Tasse Darjeeling kommen. Noch vor kurzem verweigerte er sich der grünen Version. Aber Karen hatte Recht, zu viel Schwarztee bekam ihm nicht. Er breitete die Biografie-Bögen auf dem Küchentisch aus, nahm sich die Gäste der Villa Buongiorno zuerst vor. Wendy Hamilton. Beim Betrachten ihres Fotos schwante ihm Böses: alleinstehend, künstlerischer Beruf, an gutem Essen, Wein und Whisky interessiert. Alberto würde sie mit ihm verkuppeln wollen. Erfreulich, dass die Ermittlungen das vorerst verhinderten. Mrs Hamilton war eine Bildhauerin aus Penzance. Er tippte ihren Namen bei mehreren Suchmaschinen im Internet ein, fand aber keine Einträge über sie. Von Cornwall nach Edinburgh hatte sie 662 Kilometer zurücklegen müssen. Gab es in ihrer Heimat keine Möglichkeit, sich über Whisky zu informieren? Torquil Hastie besaß natürlich einen sehr guten Ruf. Aber von der Südspitze Großbritanniens in den fernen Norden zu fahren, konnte auf ein anderes Motiv als Weiterbildung hindeuten. Irgendwie kam die Dame ihm vertraut vor. Kannte er sie und wenn ja woher? Hamilton war ein schottischer Name, nach Hamilton in Lanarkshire, abgeleitet vom normannisch-französischen Namen Hameldon. Nein, keine Notizen machen auf den wertvollen Kopien der Bögen von Mrs Gilchrist, Angus! Er schlug sein kariertes Waverley-Notizbuch auf, den deutschen Teilnehmer als nächsten. Im Laufe der Jahre hatte er einige lustige Namen gehört. Doch Wendelin Kimmekörnle schlug alle. Sein Grund für die Teilnahme war, so viel Fachwissen wie möglich aufzusaugen. MacDonald schauderte. Gerne gab er seine Kenntnisse weiter, so lange die Fragen eines Einzelnen nicht überhandnahmen. Das hatte er in seinen Whisky Tastings zu häufig erlebt. Gerade Deutsche waren in der Regel sehr präzise Menschen, willig, sich in eine bestimmte Materie einzuarbeiten, manchmal auch zu verbeißen. Man würde sehen. Kimmekörnle war von Beruf Ingenieur. So lange er keine Fragen zum Bau einer Destillerie stellte, sollte es ihm recht sein. Nun zu Martin Meiklejohn. »Ein Mann auf Ahnensuche?«, fragte Angus laut. Meiklejohn bedeutete Big John. Meiklejohn wie auch Littlejohn waren seit dem 15. Jahrhundert bekannte Namen. Spürte Meiklejohn einem Spross der Familienhistorie nach? Hatte es mit Whisky zu tun? Ein Schmuggler, Fälscher, Räuber gar? Im Fragebogen gab es dazu keinen Hinweis. Motiv für die Teilnahme: mehr über Whisky erfahren. In sehr kleiner Schrift, kaum noch lesbar, stand daneben: »um vielleicht einmal eine Destillerie zu gründen.« Also doch! MacDonald machte einen Haken hinter seinem Namen. Er hatte drei von sechs Personen studiert und konnte den Rest auf den nächsten Tag verschieben. *Jim McEwan* wartete. Nicht in persona, sondern in Gestalt zweier exzellenter Bücher, die James (so nannten seine Freunde ihn) verfasst hatte. Er hatte einem Whisky-Magazin Rezensionen der beiden Werke vorgeschlagen.

Maria servierte das Frühstück und könnte dabei Informationen einholen, was sie ablehnte. Seltsame Doppelmoral, denn sie hatte nichts dagegen, dass er Angus half. Vitiello wusch sich ausgiebig die Hände. Plastikhandschuhe wären am Professionellsten gewesen. No, da hätte er sich gleich ein Schild mit dem Hinweis »gehe zum Ermitteln in die Gästezimmer« umhängen können. Auf der hölzernen Anzeigetafel im Flur standen alle drei Schieberchen auf »abwesend«. Meiklejohn, Hamilton und dieser Kimmekörner hatten das Haus verlassen und Maria war zum Einkaufen gefahren. Freie Bahn für Dottore Watson. Pfeifend ging er die Treppe hoch und polierte das Geländer. Es bestand keine unmittelbare Gefahr. Aber Vorsicht schadete nie. Mrs Hamiltons Zimmer war das erste, an dem er vorbeikam. Für alle Fälle klopfte er. Keine Antwort. Er zückte den Generalschlüssel und ging hinein. Kein geöffneter Koffer auf dem

Boden, Waschbecken und Spiegel sauber, das ganze Zimmer makellos. Das hatte er allzu oft anders erlebt. Auf einem Stuhl sah er eine große Tüte, ganz neu. Das war mindestens Format A3, nein A2. Neben dem Stuhl, unter dem Tisch fand er eine Quittung. Sie hatte wohl die Tüte ungeduldig geöffnet und dabei fiel der Beleg auf den Boden. Da sie ihn noch nicht aufgehoben hatte, aber ein reinlicher Mensch war, musste sie beim Verlassen des Zimmers in Eile gewesen sein. Alberto legte die Quittung wieder auf den Boden. Zum Inhalt, Signore! Er fand einen dicken Skizzenblock. Warum kaufte sie den in Edinburgh? Hatte sie Cornwall schleunigst verlassen müssen? Noch schnell in Schrank und Nachttisch sehen. Was brummte so laut? Sein Telefonino in der Hosentasche! »Pronto. Ja, ich bin's, Angus, aber lauter sprechen kann ich nicht. Si, bei der Arbeit. Ermittlung, natürlich. Können wir später telefonieren? Grazie. Ciao.« Immer diese Störungen! Mrs Hamilton gab vor, Bildhauerin zu sein, doch in ihrem Zimmer waren keine passenden Utensilien zu finden, kein Marmorblock, weder Hammer noch Meißel. Noch weiter suchen? Alberto schüttelte den Kopf. Meiklejohn als Nächsten? Kurz überlegte er, seine Fingerabdrücke von den glatten Flächen abzuwischen. Bis ihm einfiel, dass er als Guest-House-Besitzer alles Recht hatte, seine eigenen Räume zu betreten. Martin Meiklejohn, immer noch ein komischer Name. Auch bei diesem Kandidaten klopfte er an die Tür. »Hallo, ist da wer?« Das hätte ein Schwerhöriger mitbekommen. Mit dem Ärmel öffnete er die Tür. Bei Amerikanern konnte man nie wissen, ob sie nicht für den CIA arbeiteten. Auch hier alles ordentlich, militärische Präzision. Er rieb sich das Kinn. Auf dem Nachttisch lag ein halbes Dutzend Bücher. Wie faszinierend manche Menschen geschriebene Worte fanden. Er hatte noch nie ein Buch gelesen. Das alltägliche Leben war seine Universität. Vier, fünf Wildwest-Romane gehörten auch zu Meiklejohns Sammlung, und »Wie gründe ich eine Destillerie?«. Davon gab es doch genug! Weiter: ein Notizbuch mit Zeichen, die an Morsecode erinnerten. Er steckte die Hand unter die Matratze und zog sie über die gesamte Länge. Obwohl dieser Platz vielen der liebste zum Verstecken war, gab es nichts zu finden. Klick-Klock. War das etwa Maria? Mit dem Ärmel öffnete er hastig die Tür und schloss sie wieder. Keinen Moment zu spät, denn Meiklejohn kehrte bereits zurück. Alberto zückte sein Staubtuch und wienerte das Geländer.

»Was ist der Unterschied zwischen einer Batterie und einer Flasche Whisky? Die Batterie hat eine negative Seite.«

Im Clinch mit der Chefsekretärin

»Ich zweifle, ob es richtig war, Mister MacDonald um Hilfe zu bitten.« Grace Gilchrist saß auf Hasties Schreibtischkante. Zuvor hatte sie ihre Frisur kontrolliert, Lippenstift nachgezogen und sogar etwas Rouge aufgetragen. Die Wirkung auf ihren neuen Boss verfehlte das nicht. Männer waren alle gleich. Ein paar Schlüsselreize und die halbe Schlacht war gewonnen.

»Wie meinen Sie das, Grace?«

»Der Gentleman macht einen properen Eindruck, ist bekleidet und riecht nicht. Fragen müssen wir uns jedoch, ob das reicht.«

»Wofür denn, bitte?«

»Den Fall aufzuklären.«

Hastie fasste sich mit zwei Fingern ans Gestell seiner Lesebrille. »Verstehe ich richtig? Wir reden von den Manipulationen?«

Gilchrist schnaufte laut. »Jawohl.«

»Angus hat doch die Arbeit gerade erst aufgenommen.«

»Besser ein Ende mit Schrecken als ein Schrecken ohne Ende.«

»Oma hat Recht.«

»Was soll das bedeuten?!«

»Entschuldigung, ich habe nicht Sie gemeint. Meine Großmutter hat dieses Sprichwort auch gerne benutzt.«

Mrs Gilchrist verknotete die Beine wie eine riesige Schlange. »Der Detektiv meiner Schwester arbeitete professionell.«

Die Redensart »wie eine gesprungene Schallplatte klingen« fiel ihm ein.

»Roch er auch gut?«

»Bitte, was?«

»Ohne Bedeutung. Nein, wir geben Angus erst mal eine Chance.«

»Aber …«

»Keine Widerrede. Er ist willig und kompetent und ich wäre dumm, das zu ignorieren.«

»Natürlich, Mister Hastie, Sir.«

Nachdem seine Sekretärin das Zimmer verlassen hatte, kam Hastie ins Grübeln. Derart gehetzt hatte er Mrs Gilchrist noch nicht erlebt. Was war in sie gefahren? Ärger zu Hause? Wollte sie mit dem Detektiv ihrer Schwester anbandeln? Er hatte gedacht, ihr zu gefallen. Die Welt war in den letzten zwanzig Jahren kompliziert geworden. E-Mails, mobile Telefone, Tagebücher für die gesamte Welt. Was kam als Nächstes? Kontrolle der Gedanken? Er breitete einige Leserbriefe auf dem Tisch aus. Sein Almanach erschien seit Jahren und war in der Whisky-Welt beliebt. Bis im letzten Jahr die ersten Schmähungen kamen. »Wie können Sie nur?« »Haben Sie keinen Anstand?« Welch Ignoranz gegenüber der immensen Arbeit, die hinter dem Buch steckte! Porträts sämtlicher schottischer Destillerien, alteingesessene wie neue. Tabellen mit Verkaufszahlen, Produktionsstatistiken, nicht zu vergessen der Einführungsteil mit sechzig Seiten wissenswerter Artikel. Autoren für diese zu finden, wurde immer mühsamer. Als ob es nicht genug der Ehre war, dabei zu sein mit Bild und kurzer Biografie, auch ohne dickes Honorar! Für die nächste Ausgabe würde er Angus angehen. Er berechnete weder für seine detektivische noch die Referententätigkeit etwas. Da konnte er für Artikel auch kein Geld erwarten. Der Grundstein war mit der Entschuldigung gelegt, ihn als Autor dieses Mal außen vorgelassen zu haben. Älteste Verkäuferweisheit der Welt: künstlich eine Verknappung herbeireden. Er las den ersten Brief. »Werfen Sie das Handtuch. Alte weiße Männer bringen uns nichts bei!« Was konnte er für Hautfarbe und Verteilung der Chromosomen? Gipsköpfe alle miteinander! Da versuchte man besser, Flöhe zu dressieren. Er spießte das Schriftstück mit einer großen Schere auf und entzündete es an einer Ecke, nicht bedenkend, was geschehen würde. Mrs Gilchrist kam angerannt, schlug die Hände über dem Kopf zusammen, eilte panisch schreiend wieder von dannen. Hastie grinste und schüttete das Wasser aus seiner Karaffe darauf.

»Mrs Gilchrist, ich hege große Bewunderung für Menschen, die methodisch durch das Leben schreiten, bin ich doch auch so.«

»Dann sind wir uns einig.«

»Nur zu gerne würde ich Ihre Frage bejahen …«

»Wie schön.«

»… doch vermittelte Torquil mir den Eindruck, ich könnte meinen Unterricht selbst gestalten. Ich springe kurzfristig ein, wenn ich das erwähnen darf.«

»Das können Sie auch, Mister MacDonald. Im Rahmen des Lehrplans.«

»Dann bin ich an ein Korsett gebunden.«

»Korsette sind nicht das Schlechteste im Leben. Sie geben fülligen Menschen Form, schenken neue Freude am Leben.«

Solch rüde Bemerkung würde er keines Wortes würdigen! »Nichtsdestotrotz habe ich mein Seminar bereits vorbereitet.«

Lange Pause am anderen Ende der Leitung. »Gut, dann machen wir es eben so. Hier geht sowieso alles drunter und drüber.«

»Das tut mir leid.«

»Ist ja nicht Ihre Schuld, Mister MacDonald. Wir freuen uns, dass Sie dabei sind.«

»Ganz meinerseits, Mrs. Gilchrist. Wiederhören.« Aus ihr war nicht schlau zu werden. Er musste weiter ermitteln. Wo hatte sie zuvor gearbeitet? Gab es Leichen im Keller? Sie konnte keine Top-Chefsekretärin gewesen sein, ohne Spuren zu hinterlassen.

Als sich MacDonald zwei Tage später im Taxi der Akademie näherte, sah er eine Dame mit einem Herrn streiten: Wendy Hamilton aus Cornwall. Er beugte sich zum Fahrer vor. »Wie bitte öffne ich das Fenster, guter Mann?«

»Am besten gar nicht, Sir.«

»Können Sie elaborieren?«

Der Taxifahrer schob seine Mütze zurück und wieder vor. »Ich soll was tun?«

»Mir sagen, was Sie damit meinen. Vergessen Sie es wieder. Wir sind ja fast am Ziel. Was bin ich Ihnen schuldig?« Er zahlte, griff nach seiner Mappe und stieg gemächlich aus. Unnötigerweise hupte der Fahrer beim Losfahren. Mrs Hamilton, die sich gerade anschickte, an die Tür der Akademie zu klopfen, drehte sich um, lächelte nun freundlich. »Sie sind Angus MacDonald, stimmt's?«

Er hob die Hände. »Schuldig im Sinne der Anklage, Mrs Hamilton.«

»Woher kennen Sie meinen Namen?«

Mein Gott, Angus, was hast du dir wieder eingebrockt! »Sie sind eine berühmte Bildhauerin.«

»Kaum jemand weiß von meiner künstlerischen Tätigkeit.«

Das konnte man wohl sagen! Nirgends war etwas darüber zu finden. Nur inspirierte Improvisation würde helfen. »Sah ich nicht Ihr Konterfei in einer cornischen Zeitung?« Nein, Fehler, Angus! Jetzt kannst du sie kaum noch zu ihrem angeblichen Beruf befragen.

»Wusste nicht, dass die in Schottland erhältlich sind.«

»Internet.«

»Okay, aber Stars der BBC haben einen höheren Wiedererkennungswert als ich.«

»Zu liebenswürdig von Ihnen.«

Wendy Hamilton strich sich eine Haarsträhne hinters Ohr. »Sie machen wunderbare Kochsendungen. Ich meine, bei dem Käse, der sonst gesendet wird.«

»Haha, glänzendes Bonmot.«

»Sie können gerne eintreten!« Mrs Gilchrist hatte ihrer Spezialität gefrönt und gelauscht. Sowohl MacDonald als auch Wendy Hamilton blieben wortlos. Nicht so die unvergleichliche Grace Gilchrist: »Da kommt auch schon Mister Kimmelkorner.«

Der Deutsche näherte sich der Akademie im Exerzierschritt.

»Kimmekörnle«, korrigierte der Gourmet.

»Wenn Sie es sagen«, erwiderte die Chefsekretärin.

»War der Herr auch in der Zeitung, Mister MacDonald?«

»Nein, wir, äh, müssen uns irgendwo anders getroffen haben.« Er betrachtete den deutschen Teilnehmer: Kilt, dicke Daunenjacke und Turnschuhe! Natürlich gab es außer Versammlungsfreiheit, Redefreiheit und vielen weiteren Vorzügen der Demokratie auch die Option sich überzuwerfen, was man wollte. Aber Sportschuhe zum Kilt?!

»Is sis se Akademie?«, fragte Kimmekörnle.

»Wollen wir es uns drinnen gemütlich machen, meine Dame? Die Herren?«, fragte Mrs Gilchrist überschwänglich.

Hatte sie sich in die Whisky-Bestände von se Academy vertieft?, rätselte Angus. Oder zelebrierte sie extreme Stimmungsschwankungen?

Der Deutsche verbeugte sich tief. »Wis Pläscher, gnädige Frau.«

»Mister MacDonald, sind Sie ebenfalls bereit?«

»Mache ich einen anderen Eindruck, Mrs Gilchrist?«

»Sie könnten ein Salzsäulchen sein.«

»Wie humorvoll.«

»Sollte es nicht sein«, sagte sie und stupste Mrs Hamilton in die Seite, die einen Lachkrampf bekam.

»Wärri nais«, bemerkte Wendelin Kimmekörnle.

»Hereinspaziert, nur immer näher, Dame und Herren!« Hastie trug Gehrock und Zylinder, die einem Theaterfundus oder dem Portier des Balmoral Hotels gehörten. »Unsere Akademie heißt Sie herzlich willkommen!«

Kimmekörnle drängelte sich verbeugend nach vorne. »Wärri gudd. Nun in se Akademie!!«

»Was ist los?« Hastie drückte seinen Zylinder gegen den Bauch.

»Der Herr meint the Academy«, erklärte MacDonald. Irgendjemand transpirierte hier Alkohol.

»Yäs.«

»Siehst du, Torquil.«

»Wer sind Sie?«, fragte Hastie hocherfreut die Bildhauerin, so als ob er sie kannte.

Mrs Gilchrist runzelte die Stirn.

»Hamilton, der Name.« Sie streckte ihm vier Finger entgegen und nur der Sekretärin böser Blick hielt Hastie davon ab, ihre Hand zu küssen. »Schön, dass Sie mitmachen, meine Dame. Die anderen Teilnehmer warten bereits.«

Kimmekörnle wies mit dem Zeigefinger auf seine Armbanduhr. »Wir sind pünktlich, mein Gentleman.«

»Ist, äh, gut, ja. Wenn Sie in den Seminarraum gehen möchten. Mrs Gilchrist weist Ihnen den Weg.«

»Natürlich mache ich das! Gehört zu meinen Aufgaben!«

Angus rechnete damit, dass sie Hastie gleich eine Ohrfeige verpasste und Mrs Hamilton in Handschellen legte. Glücklicherweise geschah beides nicht. »Geht es dir gut, Torquil?«

»Tadellos. Warum fragst du?«

»Nur so, mein Guter. Dann begebe ich mich mal in die Höhle des Löwen.«

»Was soll das denn heißen?!«

MacDonald legte ihm besänftigend die Hand auf die Schulter. »Es ist eine Redensart. Sehen wir uns heute Abend noch?«

Hastie kratzte sich am Kinn. »Komm doch bitte später im Büro vorbei. Dann stoßen wir auf deinen ersten Tag an. Es gilt, einige interessante, neue Abfüllungen zu verköstigen.«

»Danke dir, gerne.« MacDonald fiel die Äußerung eines ehemaligen Kollegen ein, ebenfalls Whisky-Journalist: »Hab's mal überschlagen. Summa summarum komme ich beim Verkosten auf eine Flasche pro Tag.« Das war vor zwanzig Jahren und der Kollege weilte bereits nicht mehr unter ihnen. Dieser Tage, mit der Vielzahl verschiedener Abfüllungen und den Whiskys aus anderen Ländern, wären es bestimmt zwei bis drei Flaschen. Nein, dann lieber die eine oder andere Abfüllung nicht kennen und auf die Expertise von Kollegen vertrauen.

Torquil Hastie hatte nicht zu viel versprochen. Die anderen drei Seminaristen waren ebenfalls anwesend. Nur Reginald fehlte. Sehr ungewöhnlich für seinen Ex-Butler. Eine Dame sprach mit jemandem unter dem Tisch, Joan Milne. Hoffentlich hatte sie keinen bissigen Hund mitgebracht. MacDonald stellte sich vor.

Kimmekörnle nickte. Meiklejohn saß mit verschränkten Armen da und Wendy Hamilton lächelte MacDonald auf bezaubernde Art an. »Kommen Sie zurecht, die Dame?«, fragte er Mrs Milne.

Ihre Nase machte Bekanntschaft mit dem Tisch. »Hallo, nein, alles klar, hab nur mit meinem Sohn gequatscht.«

»Wie geht es ihm denn?«, fragte MacDonald reflexartig, um sich seine Überraschung nicht anmerken zu lassen.

»Nicht so gut. Ist es okay, wenn er da unten bleibt?«

»Verraten Sie mir das Alter Ihres Sprösslings?«

»Acht. Warum?«

»Ob er unserem Seminar etwas abgewinnen kann?«

»Wieso denn?«

Der Gourmet registrierte, dass Kimmekörnle abermals auf seine Uhr sah. Ein stummer Hinweis, dass der Referent sich sputen sollte. »Ihr Sohn ist mir willkommen, sofern die anderen Teilnehmer einverstanden sind.«

»Fein, danke.«

»Fangen wir dann mal an?«, fragte nicht Kimmekörnle, sondern Meiklejohn.

»Sehr gerne, der Herr. Wie ich sehe, freuen sich alle über den Zuwachs. Der junge Mann unter dem Tisch ist übrigens nicht der Einzige. Mein, äh, Reginald, wird auch noch zu uns stoßen.«

»Wer ist das denn?«, fragte Kimmekörnle.

»Ein wissbegieriger Mensch, so wie alle Anwesenden. Schön, dann lassen Sie uns beginnen.«

»Endlich«, sagte der Amerikaner.

MacDonald faltete die Hände. Wie gut, dass er ein Anhänger der Glas-Halbvoll-Fraktion war. »Ich schlage vor, wir beginnen mit einer traditionellen Vorstellungsrunde und …«

»Soll heißen?«, fragte ein kleiner Herr, gänzlich in Rot gekleidet, mit indisch anmutendem Langhemd. Joseph Fairbairn.

»Sehr simpel. Der Reihe nach nennen wir unsere Namen und das Interesse an der Akademie.«

»Se Akademie«, sagte der Deutsche mit Verve.

»Wollen Sie beginnen, Herr …«

»Kimmekörnle, der Wendelin, schimpfe ich mich. Komme aus Schwaben in Süddeutschland und bin hier, mein Wissen zu vergrößern. Herr Whisky hat es mir angetan. Enttäuscht bin ich nur, dass Sie vor uns erscheinen.«

»Bitte, was?«, fragte MacDonald.

»Sie stehen nicht auf der Referentenliste.«

»Die Academy hat einen, äh, Krankheitsfall zu verbuchen. Deshalb springe ich ein.« Als Kind hatte seine Mama ihm eingebläut, niemals zu lügen, und so kam seine Antwort mit vielen Windungen des Körpers daher.

Kimmekörnle strich auf dem obersten Blatt eines Papierstapels etwas aus. »Man hätte uns darüber informieren sollen. Hier steht jemand anderer. Der Herr ist krank, sagen Sie?«

»Tut mir leid.«

»Warum? Ist ja nicht Ihre Schuld.«

»Freut mich, dass Sie es so sehen.«

»Nein-nein. Ich meine halt nur, man hätte uns verständigen sollen.«

Es war alles gesagt, mehrfach, deshalb nickte MacDonald nur noch mitfühlend. »Wer möchte sich noch vorstellen?«

Der rot gekleidete Herr hob den Arm.

»Ist das eine Meldung?«, fragte MacDonald.

»Jawohl, heiße Joseph Fairbairn. Freunde nennen mich Whisky-Joe. Besitze einen Whisky-Shop.«

»Grandios! Wo, wenn ich fragen darf?«

»In der George Street, nicht weit von hier.«

»Richtig, ich habe Ihr Geschäft bereits passiert.«

»Tatsächlich?«

»Mister Fairbairn, als geborener Edinburgher ist mir die George Street bekannt, glauben Sie mir. Unsere Akademie befindet sich übrigens auch hier. Was sind bitte Ihre Beweggründe für das Seminar?«

»Mein Geschäft ist neu. Whisky trinke ich gerne, habe auch schon zum Thema gelesen, aber da sind noch Wissenslücken.«

»Das Thema ist unerschöpflich. Seit 30 Jahren beschäftige ich mich damit und lerne täglich noch dazu.«

»Sie sind doch unser Referent?«

»Wenn ich von Weiterbildung spreche, meine ich etwa neue Abfüllungen.«

»Abfüllung …?«, fragte Mrs Milne mit besorgtem Blick zu ihrem Sohnemann.

»Neue Kreationen der Destillerien. Es ist längst nicht mehr so, dass ein Unternehmen lediglich ein, zwei Whiskys offeriert. Mehr und mehr Flaschen kommen dazu.«

»Ganz schön spannend«, sagte Wendy Hamilton vergnügt.

»Auch ich empfinde es so.«

Kimmekörnle, der Wendelin, ächzte. »Puh, muss man aber aufpassen, nicht Alkoholiker zu werden.«

»Fürwahr, der Herr. Die Balance ist entscheidend.« Weil sich alle Blicke zur Tür richteten, unterbrach Angus. »Reginald? Wie schön, dass Sie es noch geschafft haben.« Sein Ex-Butler wirkte sehr unstet.

»Danke, Mister MacDonald, und entschuldigen Sie bitte die Verspätung.«

»Das kommt in den besten Familien vor. Wir mussten bereits beginnen. Nehmen Sie gerne Platz.«

»Jeder ist seines Glückes Schmied«, deklamierte Kimmekörnle zu Reginald hin.

»Sie wollen uns etwas damit sagen?«, fragte Fairbairn.

»Wer pünktlich sein möchte, plant auch Eventualitäten ein«, antwortete der Deutsche.

»Ich schlage vor, wir machen weiter. Mrs Hamilton, möchten Sie …«

»Wüsste nicht, was ich lieber täte. Wendy Hamilton heiße ich. Bildhauerin aus Penzance, Cornwall …«

»Genau«, rief der Deutsche, »Rosamunde Pilcher!«

»… im äußersten Südwesten.«

»Länd's End«, unterbrach Kimmekörnle.

»Stimmt, Land's End ist nicht weit weg. Was wollte ich noch sagen?«

»Der Grund für Ihre Teilnahme?«, soufflierte MacDonald.

»Meine Arbeit an Whisky-Skulpturen.«

»Hier in Edinburgh?«

»Jawohl.«

»Entzückend. Haben Sie vielen Dank.«

»Jetzt bin ich dran?«, fragte Meiklejohn.

MacDonald wies mit ausgestrecktem Arm auf ihn. »Sehr gerne, Sir.«

»Martin Meiklejohn aus New York City. Whiskey interessiert mich, weil mein Urgroßvater und mein Großvater *Bootlegger* waren.«

»Wir fühlen uns geehrt, dass Sie solch weiten Weg zurücklegten, Mister Meiklejohn, gibt es doch auch im schönen Staate New York zahlreiche Destillerien.«

»Finden Sie?«

»158 an der Zahl.«

Kimmekörnle machte eine Notiz auf seinem Papierstapel. »Kennen Sie auch die Zahl für Kentucky?«

Angus schüttelte den Kopf. »Ich möchte nicht aufschneiden.«

Der Deutsche jonglierte seinen Bleistift zwischen den Fingern. »Es wäre mir sehr wichtig.«

»Also gut, es sind 95.«

»No, das kann nicht sein!«, begehrte der New Yorker auf.

»Erlauben Sie mal! Mit Angelegenheiten des Essens und Trinkens spaße ich niemals.«

»Weniger als bei uns in New York?«

»Ja, mein Herr.«

»Well, das sind alles US-Destillen.«

»Wie meinen Sie das, Mister Meiklejohn?«

»Ich will wissen, wie schottische Unternehmen operieren.«

»Verstanden, mein Herr. Die Dame mit dem Sohnemann unter Tage, machen Sie uns auch das Vergnügen?«

»Das geht zu weit!«

»Aber ich wollte doch nur …«

Wendy Hamilton rettete den Gourmet: »Die Teilnehmerin hat sie missverstanden, Mister MacDonald. Sie meinten bestimmt das Vergnügen, die Vorstellungsrunde fortzuführen.«

»Natürlich, nur das. Danke, Mrs Hamilton.« Er vermied es immer noch, die andere Dame anzublicken.

»Joan Milne heiße ich, wenn's jemand wissen will. Mein Sohn ist Stevie. Stichwort Whisky-Kabarett.«

MacDonald klatschte, ohne den geringsten Schimmer zu haben, was Mrs Milne meinte. »Sie machen Witze über Whisky?«

»Kabarettistinnen reißen keine Witze! Sie erzählen Geschichten, die sie selbst verfassten.«

»Hoch aufschlussreich«, sagte MacDonald, ohne verstanden zu haben.

»Wer sind Sie denn?«, wandte der Deutsche mit Blick zum Butler ein.

»Mein Name ist Reginald.«

»Ohne Nachnamen?«

Der Butler kratzte sich am Kinn. »Reginald Stewart.«

»Interesse am Whisky?«, setzte Kimmekörnle nach.

»Scotch ist ein markanter Bestandteil meiner beruflichen Tätigkeit.«

Bevor der Deutsche sein Kreuzverhör fortsetzen konnte, griff MacDonald ein. »Mister, äh, Stewart ist ein sehr fähiger Butler und …«

»Kenne ich! Dinner for One! Haha!«

»Bitte, was?«

»Silvester-Sketch.«

Niemand wusste, wovon dieser Wendelin sprach.

»Besoffener Diener mit alter adliger Dame? Freddie Frinton, vom Frankenfeld, Peter, entdeckt. Keiner? Das gibt's doch nicht.«

»Wir danken Ihnen für diese Information, Mister Kimmekornle«, sagte MacDonald.

»Kimmekörnle, der Wendelin. Schierio, Mrs Sophie! Admiral won Schneider. Skull!«

»Sollte jemand weiteren Informationsbedarf haben, kann er sich ja in der Pause an Sie wenden.«

»Stehe jederzeit zur Verfügung, Mister MacDonald.«

»Vielen Dank. Ich für meine Wenigkeit beschäftige mich mit authentischem Essen und Trinken, schreibe Artikel und Bücher, trete mitunter auch im Fernsehen auf.«

»Als was denn?«, fragte Mrs Milne frech.

»Die BBC gibt mir die Möglichkeit, Sendungen zu gestalten. ›Kochen mit Hafer‹ und ›Kochen mit Whisky‹ sind zwei der Titel.«

»Vergessen Sie nicht Ihr letztes Programm, Mister MacDonald«, ergänzte Wendy Hamilton.

»Danke vielmals, Sie sind zu aufmerksam. Das war eine Reihe über Marmeladen.«

»Außergewöhnliche Kreationen.«

»Danke sehr.«

»Können wir zum Thema zurückkommen?«, fragte der Deutsche.

Whisky-Joe Fairbairn hatte auch nichts dagegen. »Oh please.«

»Neben meiner gastronomischen Tätigkeit schreibe ich regelmäßig Artikel und Rezensionen für ›Whisky Magazine‹ und ›Whisky Advocate‹.«

»Bin fasziniert«, sagte Wendy Hamilton.

MacDonald merkte, dass er errötete. »Es ist nichts Besonderes.«

»Oh doch.« Mrs Hamilton verbeugte sich im Sitzen und der Gourmet wusste nicht, ob er veralbert wurde.

»Wenn Sie, äh, möchten, kann ich Ihnen einige meiner Freiexemplare zukommen lassen.«

»Wann denn?«, erkundigte Fairbairn sich missmutig.

»Schon morgen, wenn es gewünscht ist.«

»Würde die Dinger gerne in meinem Laden auslegen.«

»Ich bringe Ihnen die … Dinger also morgen vorbei.«

Kimmekörnle deutete mit seinem Bleistift auf ihn. »Gibt es auch ein Whisky-Buch von Ihnen?«

»Bislang noch nicht.« Etwas lauter, um für Struktur zu sorgen: »Damen und Herren, wir beginnen unser Seminar mit einem klassischen Tasting. Was benötigten wir dafür?«

»Whisky«, brummte Fairbairn.

»Gläser wären auch nicht schlecht«, wusste der Deutsche.

»Thank you very much, Mister Kimmekörnle. Irgendwelche Gläser?«

»Nehme immer einen Tumbler«, informierte Meiklejohn.

»So machen es viele Menschen, vor allem in den USA.« Eher als Wasserglas geeignet!

»Sehe nicht, was daran schlecht sein soll.«

»Was haben Sie gerade gesagt?«, fragte Joan Milne, den Oberkörper bei ihrem Sohn, der einen deutschen Luftangriff im Zweiten Weltkrieg simulierte.

»Es geht um Bourbon-Tumbler, die Dame. Solche Gläser sind nicht per se schlecht, doch idealerweise benutzen wir Nosing-Gläser.«

Mrs Hamilton machte sich Notizen. »Was man hier alles lernt!«

»Die Gläschen verengen sich nach oben hin. So wird das Bukett eines Whiskys besser bewahrt …«

Meiklejohn stemmte die Arme auf den Tisch. »Sollte der heutige Tag nicht mit der historischen Entwicklung der Whisky-Destillation beginnen?«

»Sogleich«, erwiderte MacDonald, »wenn Sie gestatten, führe ich das eben noch zu Ende.«

»Allright.«

»Nosing-Gläser also …«

Mit einem gewaltigen Ruck wurde die Tür aufgerissen und Mrs Gilchrist stand im Raum. »Komme ich ungelegen?«

»Niemals, Mrs Gilchrist. Schön, dass Sie uns überraschen. Sie haben das bei sich, von dem ich gerade spreche, und eine Flasche noch dazu.«

»Whisky auszuschenken?«

»Das ist zum gegenwärtigen Zeitpunkt kein Schaden.«

»Ich will Sie aber nicht von der historischen Entwicklung der Whisky-Destillation abbringen.«

»Stellen Sie Ihr Tablett besser ab.«

»Nur wenn ich wirklich nicht störe.«

»Lassen Sie alles hier, damit wir weitermachen können!«, wandte Meiklejohn ein.

Grace Gilchrist nickte grantig und drapierte Gläschen wie Whisky auf dem Tisch.

Kimmekörnle griff nach der Flasche, um das Etikett zu studieren. Dann nickte er weise. MacDonald gab sich dem Unvermeidlichen hin, denn dieser Teilnehmer hielt mit seiner Expertise nie hinter dem Berg »Sie kennen den Tropfen, mein Herr?«

»Kann man sagen.«

»Ist noch jemand mit der Clydeside-Destillerie vertraut?«, erkundigte MacDonald sich. »Trauen Sie sich ruhig.«

Mrs Hamilton hob die Hand. Joan Milne rief »pst«, meinte damit aber ihren Sprössling. Zu MacDonald gewandt: »Wie bitte, sich trauen?«

»In den Jahren mit meinen geschätzten Gästen habe ich oft erlebt, dass diese Scheu haben, sich zu äußern, gerade am Anfang.«

»Bei mir ist das nicht so!«

»Schön zu hören, meine Dame.«

»Whisky?«, fragte Meiklejohn.

»Unsere umsichtige Mrs Gilchrist …«

»Gilchrist, ein Name, der …«

MacDonald unterbrach Kimmekörnle, den Wendelin: »Auch das besprechen wir lieber in der Pause.« Er ging mit dem Tablett um den Tisch und reichte jedem Teilnehmer ein Gläschen. »Unsere umsichtige Mrs Gilchrist brachte auch ein Einschenkerchen mit. Sie kennen das von Bars. Das Utensil ermöglicht das exakte Dosieren von zwei Zentilitern. Ja, Mister Kimmekörnle, wer vier Zentiliter wünscht, dreht die Flasche ein zweites Mal um. Immer um 180 Grad, bis kein Whisky mehr ins Glas fließt.«

»Wollte gar nichts sagen. Aber danke für die Information.«

»Es gibt allerdings zahlreiche Flaschen, auf welche das Utensil nicht passt.« Meiklejohn gähnte laut und mit offenem Mund. Die Kultur der Höflichkeit beherrschten nicht alle Menschen! »Da unsere Gläschen Markierungsstriche aufweisen, ist das kein Problem. Mister Kimmekörnle, Sie wollen wieder etwas fragen?«

»Tragen Nosing-Gläschen nicht immer solche Markierungen?«

»Meistens ist es so, ja. Lassen Sie mich bitte kurz einschenken.«

»Geben Sie doch die Flasche rum«, schlug der Amerikaner begierigen Blickes vor.

»Danke, es geht schon.« MacDonald brachte das Einschenken zügig hinter sich, damit die Klasse nicht noch unruhiger wurde.

»Klappt alles?« Grace Gilchrist hatte sich erneut aus dem Nichts materialisiert.

»Danke, ja«, antwortete der Gourmet. »Wir kommen zurecht.«

»Freut mich. Ciao!«

Selbst Reginald konnte sein Amusement nicht verbergen, denn die legere, italienische Verabschiedung wollte partout nicht zum steifen Gebaren der Dame passen. Kimmekörnle betrachtete seine Portion Whisky, die Augen auf Glashöhe.

»Alles in Ordnung, der Herr?«

»Ist zu wenig. Ein halber Millimeter unterhalb des Strichs.«

»Ich gieße Ihnen gerne nach.«

»Nicht nötig. Wollte es nur feststellen.«

Besser hätte man den Habitus dieses Menschen nicht beschreiben können, die Philosophie seines Lebens, gebündelt im Satz: »Möchte nur eine unnötige Äußerung machen.« MacDonald hob wieder an: »Zunächst betrachten wir die Farbe des Whiskys, halten unser Gläschen gegen das Licht. Durchaus, Mister Kimmekörnle, Sie können dazu auch ein Blatt weißes Papier verwenden.«

Der Deutsche nickte, als ob er einen Millionen-Jackpot geknackt hätte und wedelte mit einem Streifen Schreibpapier.

»Sodann bringen wir das Glas in Schräglage. Was zurückfließt, sind die Legs. Bewegen sie sich langsam, deutet das entweder auf ein hohes Alter des Whiskys hin oder beachtliche Alkoholstärke.«

»Sagen Sie auch etwas zur Farbe?«, wollte Fairbairn wissen.

»Sehr gute Frage, Sir.«

»Nennen Sie mich Joe.«

»Falls es Ihnen recht ist, bleibe ich lieber beim Nachnamen. Im Idealfall stammt die Farbe nur vom Fass und, Moment bitte, Herr Kimmekörnle, bin gerade dabei. Sofern nicht mit Zuckerkaramell nachgeholfen wurde und …«

»Pfui, Spinne!«, sagte der Deutsche. »Die gehören hinter schwedische Gardinen.«

Mrs Hamilton: »Bitte, lassen Sie Mister MacDonald doch ausreden.«

Kimmekörnle machte eine majestätische Handbewegung. »Er kann gerne weitersprechen.«

»Herzlichen Dank. Warum helfen Destillerien bei der Farbe künstlich nach? Hat jemand eine Idee?«

»Ist doch klar, Profit!«, sagte Joan Milne in bitterem Ton.

»Ganz so simpel ist es nicht, Damen und Herren. Jedes Fass ist ein Unikat. Damit ähnelt es dem Menschen …«

»Ts, ts, so was«, warf Joan Milne ein und: »Ruhig jetzt, Stevie.«

MacDonald starrte in ihre Richtung. »Was wollte ich sagen?«

Fairbairn half aus: »Fässer.«

»Korrekt. Danke. Zwei Fässer können aus derselben Eiche gezimmert sein und sich dennoch unterschiedlich entwickeln. Für jeden Single Malt wird deshalb der Inhalt unzähliger Fässer gemischt.«

»Geblendet«, rief Kimmekörnle, der Wendelin, erregt.

»Vatting ist der exakte Begriff.«

»Wie definiert sich ein Single Malt?«, fragte Meiklejohn gereizt. »Erklären Sie uns das mal.«

»Just das hatte ich vor, Sir. Single Malt bedeutet, dass der Whisky aus einer Destillerie stammt. Dazu werden zahlreiche Fässer aus unterschiedlichen Produktionschargen, Batches genannt, gemischt. Auch ältere Jahrgänge gesellen sich dazu. Grund: Der Verbraucher erwartet zu Recht immer dasselbe Profil. Eben weil die Fässer so unterschiedlich sind, ist das nur durch ein Vatting verschiedener Batches und Jahrgänge möglich.«

»Hier geht es mächtig chaotisch zu«, raunte Mrs Milne.

Vielleicht sollten Sie erst einmal unter Ihrem Tisch für Ordnung sorgen!, hätte MacDonald sagen mögen. Diese Dame war auf Konfrontationskurs und kam in die engere Auswahl von Verdächtigen. »Steht das Aromen- und Geschmacksprofil des Whiskys, wird die Farbe begutachtet. Sie können sich denken, dass diese nach dem Vatting changieren kann. Deutlich genug?«

»Yäs! Senk you.«

»Freut mich sehr. Schlicht und ergreifend ist das der Grund für die Verwendung von Zuckerkaramell.«

»Auch bekannt als E 150 a.«

»Ihre Detailkenntnisse sind verblüffend, Mister Kimmekörnle.«

»Senk you wäri much.«

Bei ihm stellte sich die Frage, warum er den Lehrgang gebucht hatte. Wenn jemand nur alles besser wissen wollte, geriet das verhältnismäßig kostspielig. Es sei denn, der Mann war noch aus einem anderen Motiv angereist. »Ich darf Ihnen versichern, dass der Geschmack von Whisky durch Zuckerkaramell nicht beeinträchtigt wird.«

Fairbairn protestierte. »Das kann ich mir kaum vorstellen.«

»Niemand wird Ihre Gabe der Imagination in Frage stellen und ja, vorzuziehen sind natürlich Whiskys ohne E 150 a.« Whisky-Joe hob beschwörend die Hände. Mit solch schneller Zustimmung hatte MacDonald nicht gerechnet. So konnte es seinethalben gerne weitergehen! »Wollen wir unser Tasting fortsetzen? Wie ich sehe, haben Sie über meinem Geplapper bereits gekostet. Mit Bedacht sah er nicht zum leeren Glas des Amerikaners.

»Refill!«, rief Meiklejohn.

»Gerne, der Herr. Wir haben die Farbe des Whiskys studiert, seine Legs ebenfalls. Kommen wir zum Geruch. Halten Sie bitte das Gläschen dicht unter Ihre Nase, mit ungefähr einem Zentimeter Abstand. Ausnahme: Sie sind erkältet. Dann bitte direkt ans Nasenloch.«

»War das ein Scherz?«, fragte Joan Milne, begleitet vom Geräusch eines Maschinengewehrs.

»Zumindest ein Versuch, meine Dame.«

»Ich bin nicht Ihre Dame!«

»Wie lustig«, sagte Kimmekörnle, ohne zu lachen.

Der Butler bat MacDonald mit einem vielsagenden Blick um das Wort.

»Sehr gerne, Reginald. Wir sind ganz Ohr.«

»Mir ist aufgefallen, dass wir Mister MacDonald vom roten Faden abbringen. Deshalb schlage ich vor, von Unterbrechungen erst einmal abzusehen …«

RIIIIING!! RIIIIIING!!!

Intuitiv sahen alle zu Stevie, dem begnadeten Kriegsgeräuschimitator. Der tauchte aus dem selbst gewählten Exil auf, beide Hände auf die Ohren gedrückt. »RIIIIING!! RIIIIIING!!!« Nein, das kam nicht aus seiner Richtung. Jemand hatte den Feueralarm ausgelöst.

»Nein, ich verstehe nicht, wie das geschehen konnte«, sagte Angus in Richtung der Sekretärin, deren aufgetürmte Haare einen improvisierten Tanz aufführten. Er saß mit ihr und Torquil Hastie in dessen Büro. »Warum aktivierten Sie den Alarm?«

»Ich erklärte Ihnen bereits alles, Mister Donald.«

»MacDonald! Wo bitte hat es denn gebrannt?«

»Das ist Sache der Akademie!«

»Erzählen Sie es bitte noch einmal, Grace«, sagte Hastie. »Mir zuliebe.«

»Da kam dieser Anruf mit einer Bombendrohung.«

»Mann oder Frau?«, fragte der Gourmet.

»Ein Mann war es und …«

»Wie alt ungefähr?«

»Könnte ich in Ruhe zu Ende erzählen? Niemand mag es, ständig unterbrochen zu werden.«

Der Gourmet nickte höflich. »Fahren Sie bitte fort.«

»Danke! Der Herr behauptete, im Haus einen Sprengsatz deponiert zu haben. Was schreiben Sie denn da auf, Mister MacDonald?«

»Nur ein paar Notizen.«

»Sie stenographieren, was ich sage? Ist das datenschutzrechtlich zu verantworten?«

»Davon können wir ausgehen.«

»Sie als Schreiberling müssen es ja wissen.«

»Wie bitte?!«

»Angus, Mrs Gilchrist hat es nicht böse gemeint. Oder, Grace?«

Sie begutachtete ihre Fingernägel. »Nein.«

»Berichten Sie uns den Rest bitte auch noch?«, bat Hastie.

»So viel ist es gar nicht mehr.«

MacDonald glaubte, seinen Ohren nicht zu trauen. »Wie man es nimmt!«

»Regen Sie sich nicht so auf«, sagte die Sekretärin mit sardonischem Grinsen. »Möchte nicht wissen, wie hoch Ihr Blutdruck ist. Soll ich mal unser Messgerät holen?«

»No, thank you. Ich fühle mich gut.«

»Sie wären nicht der erste Mensch mit Hypertonie, der keine Beschwerden hat. Das geht aber nicht ewig gut.«

»Haben Sie den Beruf verfehlt, gnädige Frau?«

»Wer sagt Ihnen denn, dass ich keine ausgebildete Krankenschwester bin?«

»Hallo zusammen! In meiner Position als Akademiedirektor bitte ich euch Streithähne, die Contenance zu bewahren.«

»Ein Hahn will ich nicht sein, Mister Hastie.«

»Natürlich nicht, Grace. Aber Sie verstehen, was ich meine, oder?«

»Natürlich.«

»Angus?«

MacDonald strich sich übers Jackett. Für gewöhnlich beruhigte ihn das. Zumindest hatte es in der Vergangenheit geholfen. »Dito.«

Der Akademiedirektor wirkte zufrieden. »Festhalten können wir, dass heute nicht alles ideal verlief. Unsere Seminarteilnehmer waren nicht erfreut über das abrupte Ende.«

Mrs Gilchrist tätschelte die Spitze ihres Haarturms. »So ist das eben, wenn es brennt. Wer will schon den Tod seiner Mitmenschen in Kauf nehmen? Ich für meinen Teil nicht. Der Abzug unserer Truppe verlief jedenfalls geordnet.«

»Gebrannt hat es aber nicht!«, sagte MacDonald. »Welche Truppe?«

»Grace spricht von den Seminaristen.« Torquil Hastie ging zum Schrank, holte eine Flasche zwölf Jahre alten Aultmore und drei Gläschen. »Eine kleine Stärkung haben wir uns verdient.«

»Um diese Uhrzeit?«, fragte die Sekretärin.

»Einmal ist keinmal, Grace und wir nehmen eher Medizin zu uns, als Alkohol zu trinken. Angus, was meinst du?«

»Die Heilkräfte von Scotch sind unbestritten. Nicht zufällig spricht man vom Wasser des Lebens.«

»Wenn die Herren meinen, schließe ich mich an.«

Hastie goss drei doppelte Portionen ein und reichte den beiden Kontrahenten ihre Gläschen. »Auf euer Wohl!«

Angus beobachtete seinen Freund. Ein Schub ging durch Hasties Körper. Nicht der erste Tropfen des Tages …

»Grace, erzählen Sie uns ahnungslosen Männern bitte mehr?«

»Ich hatte nicht die Absicht, den Feueralarm auszulösen. Das Wohl der Akademie liegt mir am Herzen.«

»Weiß ich doch, meine Liebe.«

»Es geschah wie in einem Film.«

Mit fragwürdigem Drehbuch!, dachte MacDonald.

»Könnte ich die Uhr zurückdrehen, würde ich nicht zögern, Mister Hastie.«

»Haben Sie den Anrufer erkannt, Mrs Gilchrist?«

»War es wieder der Stöhner, Grace?«

»Glaube ich eher nicht.«

»Sie glauben es nicht?«

»Nein, Mister Donald! Ich tu's nicht«

Hastie stand auf und presste die Hände gegeneinander. »Vielen Dank, Grace, Sie haben sich wacker geschlagen. Im Moment benötigen wir Sie nicht mehr.«

Verblüfft erhob sich die Sekretärin und verließ das Zimmer.

»Kompetente Frau«, stellte Torquil Hastie fest. »Wie geht es deiner Verlobten?«

MacDonald fuhr sich mit dem Zeigefinger über die Unterlippe.

»Habe ich etwas Falsches gesagt?«

»Nein, nur kann ich mich gerade nicht erinnern, dir von meiner Verlobung erzählt zu haben.«

»Woher sollte ich das sonst wissen?«

Nur Alberto und Maria war sein Verlöbnis bekannt. »Dann wird es so sein, Torquil.«

»Wann wirst du mir deine Zukünftige vorstellen?«

Als ob sie beide derart vertraut wären! Ja, er war ein guter Bekannter. Aber keiner, dem man die zukünftige Gattin vorführte. Sprach hier der Alkohol? Überschritt er Barrieren, die er nüchtern geachtet hätte? »Karen ist im Moment sehr in ihre Arbeit eingebunden.«

»Was macht sie noch mal beruflich?«

»Sie ist Ärztin.«

»Kann ich dich noch etwas fragen?«

»Alles, was du möchtest.«

»Wie sind deine Pläne für die nächsten Tage?«

»Ich möchte an meinem neuen Kochbuch arbeiten.«

»Du bist aber produktiv. Worum geht es denn?«

»Auch bei diesem Buch hülle ich mich wieder in Schweigen, bis es vollständig beendet ist und gekauft werden kann.«

»Der 007 der Kochtöpfe!«

»Wenn man es so titulieren möchte. Dich bedrückt etwas, Torquil?«

»Meine Finanzen …«

»Darf ich annehmen, dass sie nicht zum Besten bestellt sind?«

»Nein, nicht gut, Angus.«

»Aber deine Enzyklopädie ist nach wie vor ein Bestseller, oder?«

»Ja, doch haben sich auch meine Ausgaben erhöht …«

»Torquil, unwissend kann ich dir kaum helfen.«

»Seltener Whisky ist schuld. Habe zu viele Flaschen gekauft. Als Kapitalanlage.«

Das klang sehr improvisiert. »So arg kann es nicht sein, oder?«

»Könntest du dir vorstellen, mich weiter zu unterstützen?«

»Du meinst mit Geld?«

»Nein, in der Akademie …?«

»Den Übeltäter spüre ich auf, wie versprochen.«

»Als Dozent …«

»Wir reden vom Nachholen des heutigen Stoffs?«

»Eher gesamt.«

Zeigte sich hier Geiz? »Ich soll den gesamten Kurs übernehmen? Was sagten denn deine anderen Referenten dazu?«

»Kann sie nicht bezahlen! So, jetzt ist es raus.«

MacDonald seufzte laut und fragte sich, ob es überhaupt zu Vorfällen gekommen war. »Vertrackte Situation. Du hattest die beiden Kollegen aber ursprünglich gefragt, ob sie hier unterrichten wollen, ja?«

»Natürlich. Wofür hältst du mich denn?«

»Pardon, Torquil, als Detektiv bin ich mitunter genötigt, sehr persönliche Fragen zu stellen.«

»Meine Finanzen haben doch nichts mit den Störaktionen zu tun.«

»Es wäre nicht das erste Mal, dass jemand wegen eines entgangenen Auftrags widerborstig wird.«

»Angus, die Referenten, die ich eingeladen hatte, waren sehr verständig, schienen sogar erleichtert zu sein, dass ich absagte. Das bisschen Geld, das ich hätte zahlen können, brauchen die nicht. Du übernimmst also die nächsten zwei Tage?«

»Eher drei, denn den heutigen Stoff müssen wir ja auch noch nachholen.«

»Vielen herzlichen Dank, Angus. Dann hoffe ich mal, dass es keine weiteren Zwischenfälle gibt.«

»Weißt du etwas über die Teilnehmer, das mir bei den Ermittlungen helfen könnte?«

»Nur was sie uns mitgeteilt haben. Einer von ihnen ist der Missetäter!«

»Vielleicht, Torquil. Mich würde noch interessieren, wie Mrs Gilchrist zu dir gelangte.«

»Bitte, was?«

»Mir gegenüber erwähnte sie ihre große Erfahrung als Chefsekretärin.«

»Ja, sehr groß.«

»Das heißt, sie zeigte dir Referenzen?«

»Jaja«, erwiderte Hastie unwirsch. »Angus, kann ich mich darauf verlassen, dass du alle Seminaristen unter die Lupe nimmst?«

»Gewiss, mein Freund.«

»Wenn ich nur wüsste, woher ich Mrs Hamilton kenne.«

Ein Alkoholiker steht vor dem Richter.
Der Richter sagt: »Sie sind heute wegen
des Trinkens von Whisky hier.«
Sagt der Alkoholiker: »Gut, lassen Sie uns anfangen!«

Schön ist es in der Versuchsküche

MacDonalds Kater hörte auf zu schnurren, denn getrocknete Tomaten und Reis zählten nicht zu seinem Speiseplan. Herrchen wurde immer langweiliger.

»Sehr überzeugend klang das mit den Referenzen der Dame nicht, Mitbewohner Robert. Zu deiner Information: Wir kochen jetzt einen Whisky-Risotto.« Platsch. »Das untrügliche Geräusch der Klappe, die meinen Kater ins Freie führt. Wie kann Torquil so überzeugt sein, dass ein Seminarist hinter den Störaktionen steckt? Warum nicht gleich den Schuldigen herausdeuten?« Als das Haustelefon klingelte, zuckte er zusammen, war aber froh, aus seinem Monolog gerissen zu werden. In der letzten Zeit redete er wieder zu oft mit sich selbst. Darin musste er Karen zustimmen. »Guten Tag, MacDonald hier. Reginald, wie geht es Ihnen? Ob Sie vorbeikommen können? Natürlich, gerne. Jetzt gleich? Natürlich.« Kaum hatte MacDonald das Gespräch beendet, klingelte es an der Haustür. Er legte seine Kochschürze ab und begab sich zum Eingang.

»Guten Tag, Sir. Ich störe auch nicht?«

»Nein, treten Sie bitte ein. Könnten wir uns in der Küche unterhalten? Ich koche gerade einen Risotto.«

»Mit welchen Zutaten?«

»Gewöhnlich verrate ich meine Rezepte nicht. Aber für Sie mache ich gerne eine Ausnahme. Whisky, getrocknete Tomaten und gerösteter Knoblauch.«

»Wo nehmen Sie bloß immer diese Ideen her, Sir?«

Aus dem Kopf, wäre die treffende Antwort. »Schieres Nachdenken führt mich dazu.«

»Kann das alles sein?«

»Mein Ansporn ist, der kulinarischen Welt etwas Neues zu geben.«

»In diesem Fall die Kombination der Zutaten?«

MacDonald machte ein freudiges Gesicht. »Wie auch die Verwendung von geröstetem Knoblauch. Wenn Sie Zeit haben, serviere ich Ihnen gerne eine Portion.«

»Das wird mir leider nicht möglich sein.«

»Sie können mir etwas über den gestrigen Tag erzählen? Nachdem ich mich von der Gruppe verabschiedet hatte?«

»So ist es. Dank Ihrer guten Nerven verlief unsere Flucht sehr geordnet. Der deutsche Teilnehmer war Feuer und Flamme, wenn Sie mir diesen kleinen Kalauer gestatten. Mister Meiklejohn meinte, man hätte erst mal abwarten können. Wendy Hamilton war auf Ihrer Seite.«

»Hatte Joan Milne auch etwas zu bemerken?«

Reginald räusperte sich.

»Sie müssen mich nicht schonen.«

»Die Dame ist erbost und macht Sie für die Misere verantwortlich.«

»Als ob mich das wunderte. Schon im Seminar war sie auf Konfrontationskurs.«

»Mrs Milne hat vor, Sie in ihr neues Programm aufzunehmen.«

»Kabarett?«

»Jawohl, Sir.«

»Ob sie mir damit nicht zu viel Ehre erweist? Weiß man, wo sie ihre Sketche darzubieten gedenkt?«

»Nein, aber das werde ich noch ermitteln können.«

»Stellt sich die Frage, ob es ein spontaner Entschluss oder schon vor Buchung des Seminars geplant war. Was sagte denn Mister Fairbairn zu unserem abrupten Aufbruch?«

»Er nahm alles sehr gelassen hin.«

Solange Alberto eine Aufgabe hatte, war er glücklich. Gleich nach dem Kochen des Frühstücks für die Gäste begann die Recherche. Kimmakorn hatte wieder ein Full English Breakfast bestellt und der Landlord durfte sich nach Ansicht seiner Gattin nicht mal mehr darüber aufregen, von wegen: Nimm es doch, wie es ist. Er wollte prüfen, ob Mrs Gilchrist früher Krankenschwester gewesen war. Ihr Auftreten passte sehr gut zu einem bestimmten, herrischen Typus. Manche der Befragten zierten sich wegen des Datenschutzes ein wenig. Doch Signor Vitiello konnte bei Bedarf sehr unschuldig wirken. Das Motiv für seine Suche passte er jeweils Person und Situation an: Bin ein Freund der Familie. Mrs Gilchrist hat sich mit ihren Verwandten zerstritten und sie wollen sich versöhnen. Oder: Ihre Tante hat ihr ein kleines Vermögen hinterlassen. Doch ist die Adresse der jungen Dame nicht mehr bekannt. Resultat: Grace Gilchrist arbeitete bis vor kurzem als Nachtschwester. Als einer ihrer Patienten unter mysteriösen Umständen starb, zog sie sich aus dem Beruf zurück. So wie Alberto es einschätzte, erfand sie sich beruflich als Sekretärin neu. Fast hätte er sich wegen der erfolgreichen Recherche auf die Schulter geklopft. Aber eine Tasse Cappuccino tat es auch.

Joseph Fairbairns Shop war in der George Street, wie die Akademie in einer ausgesprochen guten Lage. MacDonald ließ den Taxi-Fahrer, wieder derselbe, zwanzig Meter davor anhalten. Der Laden hatte ein liebevoll arrangiertes Schaufenster. Schottische Whiskys teilten sich den Platz mit Tropfen aus aller Welt. Sogar den Schweden Mackmyra machte er aus. Zwischen den Flaschen anmutige Gegenstände wie ein Minifässchen und die beiden Hündchen von Black und White. Als MacDonald eintrat, tönte es elektronisch-melodisch. Fairbairn blickte auf einen riesigen Bildschirm. Ein Snooker-Moderator suggerierte Spannung. Ob man so Käufer anlockte? Gegebenenfalls den einen oder anderen unschlüssigen Laufkunden, der gerne den Betrieb aufhielt. Die gab es immer und bei allen Geschäften. Der Besitzer schaute kurz auf, mehr durch ihn hindurch. »Hallo. Ich bin gleich bei Ihnen.«

»Thank you very much, Sir.«

Fairbairn hatte ihn nicht erkannt. Auch heute war er in Rot gekleidet, mit Leinenhose und knielangem Hemd in indischer Manier. Hatte er Schminke aufgetragen?

»Darf ich mich ein wenig umsehen?«

»Auch gut, dann kann ich mein Spiel weiter verfolgen.«

»Machen Sie das.« MacDonald inspizierte den Whisky-Bestand und nickte dann.

»Stimmt was nicht?«, fragte Fairbairn, der ihn mit einem Auge beobachtet hatte.

»Ihr Angebot kann sich sehen lassen. Alle schottischen Neuerscheinungen, japanische Whiskys, Bourbon, Rye und vieles aus aller Welt.«

»Danke für die Blumen.«

Er sah sich weiter im Geschäft um. Edle, dicke Regale aus teuren Hölzern an zwei Seiten. Auch ein Humidor war vorhanden. Mehr und mehr fühlte der Gourmet sich zu Zigarren hingezogen. Nicht, dass sie gut zu Whisky passten. Aber der Geruch behagte ihm. Zwei seiner Kollegen im Kreise von Full Food pafften seit Jahren.[4]

Mit einem Ohr hörte MacDonald den TV-Moderator. Fraglich, ob etwas gesagt werden musste. Außer für diejenigen, die im Sehen eingeschränkt waren?

»Bitte? Wie kann ich helfen?«

MacDonald lächelte. »Mister Fairbairn, wie geht es Ihnen?«

»Wir kennen uns?«, erkundigte er sich mürrisch.

»Whisky Academy in Edinburgh.«

Fairbairn klopfte sich mit den Fingerknöcheln auf die Stirn, was zu einem unschönen Geräusch führte.

»Das wäre nicht nötig gewesen. So wichtig bin ich nicht.«

»Klar, unser kundiger Referent.«

»Sie sind zu gütig, mein Herr.«

»Das Durcheinander mit dem falschen Alarm.«

Oha, wieso falsch? »Mister Hastie und ich sind untröstlich darüber.«

»Ihre Schuld war es ja nicht, Mister MacDonald.«

Ebenso wenig wie Torquils. »Sie gehen von einem Fehlalarm aus?«

---

[4] Full Food ist ein Verein, der sich für nahrhafte Speisen einsetzt. Es darf nicht gegeizt werden mit Sahne, Butter etc. Die höchste Auszeichnung der Gruppe ist die goldene Bratpfanne. MacDonald bekam für seinen unermüdlichen Einsatz um authentisches Essen und Trinken bereits mehrere Exemplare verliehen.

»Klar.«
»Wie kommen Sie darauf?«
»Im Net war nichts zu lesen.«
»Was bedeutet das, bitte?«
»Bei einer Explosion oder einem Brand hätte ja irgendjemand darüber geschrieben.«
»Nicht alles, was geschieht, bildet sich eins zu eins im Internet ab.«
»Ich meine schon. Zumal ich Abonnent mehrerer Kanäle bin.«
»Es wird Sie interessieren, dass keine Bombe in der Akademie versteckt war.«
Fairbairn schaute verstohlen zur Snooker-Übertragung.
»Gutes Spiel?«, fragte MacDonald.
»Geht so. Warum sind Sie so überzeugt, dass kein Sprengsatz im Gebäude war?«
»Die polizeiliche Untersuchung führte zu diesem Ergebnis.«
»Pah, Polizei!«
»Sie sind kein Fan unserer Ordnungshüter?«
»Traue denen alles zu, nur nichts Gutes!«
Für einen Anarchisten war er farbenfroh bekleidet. »Seit wann haben Sie dieses Geschäft, wenn man fragen darf?«
»Drei Monate.«
»Wollten Sie von Anfang an hier ansässig werden?«
»Stellen Sie doch die eigentliche Frage.«
»Die da wäre?«
»Warum ich meinen Laden hier eröffnete. Kann ich Ihnen sagen. Eine Verwandte hat mir das Haus vermacht.«
»Sie müssen also keine Miete zahlen.«
»Ob ich viele Kunden habe, interessiert Sie? Ein neues Geschäft muss erst mal bekannt werden. Könnten Sie Flugblätter mitnehmen?«
MacDonald wähnte sich bereits in einer Arrestzelle mit radikalen Staatsgegnern. »Also, ich weiß nicht, ob …«
»Moment mal.« Fairbairn schlurfte zu einem Karton, der vor dem Hinterausgang auf dem Boden stand und versenkte

die Hand darin. Mit einem Stapel Zetteln kam sie wieder zum Vorschein. »Zum Verteilen, und Sie brauchen keine Angst zu haben, haha. Ist legal. Für eine gute Sache.«

»Sie möchten, dass ich diese Information über Ihr Geschäft weitergebe?«

»Wenn's möglich wäre.«

»An einem bestimmten Platz?«

»Erwarte nicht, dass Sie sich auf die Princess Street stellen. Wie wär's mit der Academy?«

»Glänzender Einfall!«

»Sehen Sie. Machen Sie oft Whisky Tastings?«

Angus ahnte, dass hinter diese Frage ein weiteres Anliegen lauerte. »Es hält sich in Grenzen.«

»Hätte da eine gute Idee. Sie kennen doch die Tram, die zum Flughafen fährt, über die Princess Street?«

»Wer tut das nicht?«

»Idee: Wir machen ein Tasting.«

»In der Bahn?«, fragte der Gourmet entgeistert.

»Ja, man müsste das Ding mieten. Kennen Sie jemanden bei den Verkehrsbetrieben?«

»Nicht wirklich.«

»Also nein.«

»Darf ich jetzt gehen?« Was sollte das bedeuten, das Ding mieten? Für welche Zeit denn? Es gab doch einen laufenden Tram-Betrieb.

»Ich weiß immer noch nicht, ob er mich veralbern wollte, Alberto.«

»Schwer zu sagen, wenn man nicht dabei war. Was machte er sonst für einen Eindruck?«

»Konfus, unfreundlich.«

»Alles, worüber Kunden sich freuen!«

»Insgesamt ein merkwürdiger Mensch.«

»Vielleicht hat die Verwandte ihm auch Geld zum Leben vermacht und er betreibt den Whisky-Verkauf als Hobby.«

»Möglich ist es.«

»Er hat dich wirklich gefragt, ob du in der Tram ein Whisky Tasting für ihn machst?«

»Alberto, dir ist bekannt, dass ich über Essen und Trinken niemals spaße.«

»Ob er den Kurs nur deswegen gebucht hat?«

»Du meinst, sein Plan ist, die Seminarkosten zu berappen, um einen Moderator für seine Whisky Tram zu finden?«

»Vergiss nicht das Verteilen der Flyer.«

»Wie originell.«

»Entschuldige, Angus. Ist auch zu spaßig. Falls er aber tatsächlich geerbt hat, zahlt er die Kursgebühr aus der Portokasse.«

»Demnach muss ich mich über seine Teilnahme geehrt fühlen?«

»Für die Lösung unseres Falles ist das unerheblich.«

Angus lachte. »Imitierst du die Sprechweise deines guten Freundes?«

»Sisi, es war notwendig, um die Situation aufzulockern.«

»Will Kollege Watson auch berichten, was er Neues weiß?«

»Ich habe zahlreiche Krankenhäuser abgeklappert. Diese Mrs Gilist …«

»Gilchrist.«

»Prego?«

»Die Akademiesekretärin heißt Grace Gilchrist.«

»Krankenschwester«, antwortete Alberto lapidar.

»War die Dame als solche tätig?«

Man konnte lachen darüber, aber Angus' gestelzte Ausdrucksweise hatte in der letzten Zeit wirklich stark zugenommen. Wenn er sich nicht mit Karen versöhnte, musste eine andere Frau für ihn gefunden werden. Diese Bildhauerin? Sie war etwas exzentrisch, aber bodenständig genug. »Du willst wissen, ob sie Krankenschwester war?«, übertrug er die Frage für sich.

»Yes, please.«

»Mrs Gilchrist hörte von einem Tag zum anderen auf, im Hospital zu arbeiten. Ein Patient starb unter ihrer Obhut.«

»Hat sie danach ihre Ausbildung zur Sekretärin gemacht?«

»Kaum, denn der tragische Vorfall liegt noch nicht lange zurück.«

»Potzblitz! Damit wird sie eine Hauptverdächtige.«

»Willst du diesen Mister Hastings informieren?«

»Hastie. Eher nicht, denke ich.«

»Weil sie sich so gut verstehen und er petzen würde?«

»So kann man das ausdrücken. Alberto, noch vor kurzem hätte ich nicht gedacht, dass ich das fragen würde, aber …«

»Die Zimmer meiner drei Gäste wieder inspizieren? Sisi. Werde mich darum kümmern.«

*»Was ist der Unterschied zwischen Wodka und Whisky?
Wenn Sie das nicht wissen, halten Sie sich von Whisky fern!«*

Mein Haustier

Unpraktisch war es nicht, dass drei Seminaristen in der Villa Buongiorno wohnten, dachte MacDonald. Sie konnten ohne großen Aufwand observiert werden. Fairbairn hatte er aufgesucht. Blieb noch Joan Milne mit ihrem dramatisch begabten Sohn. Nach den Imponderabilien des Morgens wie Sir Robert füttern, das Geschirr spülen und vergeblich in Karens Praxis und bei ihr zu Hause anrufen, konnte er sich auf den Weg machen, mit mulmigem Gefühl. Im Seminar hatte sie ständig opponiert. Kannte sie ihn aus anderem Zusammenhang? Selbst wenn, würde sie den Kursus kaum deswegen gebucht haben, war er doch spontan eingesprungen. Es wäre besser gewesen, Alberto hätte diese Observation übernommen. Doch auf die dann nicht endenden Späßchen konnte er verzichten. »Hör auf zu jammern und trete dem Feind entgegen«, sagte er dem kleinen Spiegel über der Spüle. Joan Milne wohnte laut der Angabe auf ihrem Biografie-Bogen im Trinity-Viertel, westlich von Newhaven, in der Lennox Row. Zu den Häfen Granton und Newhaven war es ein Katzensprung. In früheren Jahrhunderten boten sie Menschen die Möglichkeit, mit der weiten Welt in Kontakt zu treten. Doch mit Flugzeugen konnte man nun in kürzerer Zeit zu entfernteren Orten reisen. »Den Rest deiner philosophischen Spekulationen stellst du unterwegs an, Angus! Los geht's!« Die Fahrt zog sich quälend lange dahin, dauerte mehr als eine halbe Stunde. Das Haus, in dem die Dame wohnte, sah ganz passabel aus. Schwerlich konnte er klingeln und sagen: »Hallo, Mrs Milne, habe mir Ihren Biografie-Bogen angesehen. Da ich gerade in der Nähe war, wollte ich hallo sagen.« Ein muskelbepackter Mensch, gegelte Haare, zwei Sporttaschen, trat aus dem Haus, auf dem Weg zur Körper-Ertüchtigungshalle. Sie schossen wie Pilze aus dem Boden und die Zeiten, in denen jemand darauf erpicht war, den Geist zu trainieren, schienen unweigerlich vorbei.

»Kann man Ihnen helfen, Daddy?« Der Typ setzte seine Taschen auf dem Boden ab.

»Reden Sie mit mir, der Herr?«

»Wir hatten in der Gegend einige Einbrüche. Sie kenne ich nicht.«

»Sehe ich wie ein klassischer Dieb aus?«

»Bin noch keinem begegnet und hab auch kein Interesse daran. Was wollen Sie hier?«

»Das tut nichts zur Sache.«

»Verschwinden Sie, bevor ich die Polizei rufe.« Der Muskelmann kam einen Schritt näher.

»Nur zu, wenn Sie sich blamieren möchten.«

Damit hatte er nicht gerechnet. »Hatten Sie vor, das Haus zu betreten?«

»Nein.«

»Dann ist die Sache für mich erledigt, denke ich.«

»Famos geradezu.«

Der Mann schien noch verwirrter. »Was heißt das?«

»Ich mache Ihnen folgenden Vorschlag. Sie gehen Ihrer Wege und ich meiner.«

»Fair enough, denke ich.«

»Freut mich, mein Bester.«

»Was ist los?«

»Es ist schön, dass wir uns einigen konnten.«

»Hab ich ja gesagt!« Grunzend schnappte der Nachbar seine beiden Taschen.

»Haben Sie noch einen schönen Tag und happy lifting, mein Herr.«

»Hallöchen.«

MacDonald drehte sich um.

»Hallo, pst, hallöchen.«

Auch links und rechts war niemand zu sehen. Angus sah nach oben, eine Bewegung, die weder elegant noch seinen Halswirbeln zuträglich war. Einige Stockwerke über ihm beugte sich ein winziger, älterer Mann aus dem Fenster. »Was machen Sie hier?«

»Das Gleiche könnte ich Sie fragen.«

»Nein, denn ich wohne ja hier.«

»Wäre es möglich, den Abstand zwischen uns zu verringern?«

»Muss das sein?«

»Bedenken Sie bitte, dass Ihr Wortgut nach unten fällt, meines aber nach oben steigen muss.«

»Ja, und?«

»Für mich ist die Konversation etwas anstrengender als für Sie.«

»Wo Sie Recht haben, haben Sie Recht. Ich mache Ihnen auf. Aber bitte Geduld.«

»Lassen Sie sich nur Zeit, Sir. Eile ist heutzutage überbewertet.« MacDonald bereute, das gesagt zu haben. Mehr als fünf Minuten vergingen, bis geöffnet wurde. Er setzte den Fuß auf die erste Stufe, die wie die folgenden sehr breit, aber nicht tief war. Ein Gentleman mit passabler Schuhgröße kam sich wie bei der Sendung mit versteckter Kamera vor. Nach fünf Minuten schweißtreibenden Aufstiegs rief der Mann wieder: »Nur noch zwei Stockwerke, dann haben Sie's geschafft!«

»Wie mich das freut.« Wenn es nach dem Gourmet ginge, fänden alle Ermittlungen ebenerdig statt. Keuchend und schwitzend gelangte er irgendwann oben an.

»Hat ganz schön lange gedauert.« Der Rücken von Mrs Milnes Nachbarn war extrem gebeugt, vermutlich Opfer tückischer Osteoporose. Seine Füße steckten in riesigen Plüschpantoffeln, der Körper in einem ausgeleierten Jogginganzug.

»Ich habe mir Sorgen um Sie gemacht«, sagte MacDonald.

»Weil's so lange ging mit dem Öffnen, ja? Ist alles Dieter-Theodors Schuld.«

»Ein Mitbewohner von Ihnen?«

»Musste ihm auf den Topf helfen.«

»Sie bereiten sich gerade eine Mahlzeit zu?«

»Du lieber Himmel, das doch nicht! Obwohl, irgendwelche Perverslinge stehen bestimmt darauf.«

»Bitte erläutern.« Angus rang noch immer nach Luft.

»Das auch noch?! Na schön. Würden Sie die Hinterlassenschaften eines Schweines essen wollen?«

»Sie sehen mich ratloser denn je.«

»Dieter-Theodors Mahlzeiten koche ich selbst. Sein Stuhlgang ist trotzdem kein schöner Anblick.«

»Lassen Sie mich zusammenfassen: Sie wohnen mit einem Schwein namens Dieter-Theodor zusammen?«

»Jawohl«, erwiderte der Mann freudig.

»Ist das ein deutscher Name?«

»Deutscher Name für deutsche Rasse.«

»Sagen Sie das bloß nicht zu laut, Sir.«

»Was soll das heißen?«

»Naja, Mister Hitler und so …«

»Sie haben aber kapiert, dass es ein Schwein ist und kein Mensch?«

MacDonald schnappte nach Sauerstoff.

»Puterrot! Wollen Sie einen Schluck Wasser?«

»Danke, nein.«

»Kreislauftablette vielleicht?«

»Auch das nicht. Das Schwein verrichtet seine Notdurft in der Wohnung?«

»Notdurft? Sind Sie aus einem Wörterbuch gefallen?«

»Toilettengang ist ein anderes Wort dafür. Dieter-Theodor erleichtert sich auf Ihrem Klosett?«

»Einfacher, als wenn ich jedes Mal mit ihm ins Freie gehen muss.« Der Mann pfiff markerschütternd und mit Trippelschritten gesellte sich ein riesiges Schwein zu ihnen. »Darf ich vorstellen: Dieter-Theodor.«

»Habe die Ehre«, sagte MacDonald zu dem Tier, das mindestens drei Zentner wog.

»Sitz, Dieter!«

Der Mitbewohner tat, wie ihm geheißen und nahm artig Platz.

»Rolle kann er auch. Wollen Sie sehen?«

»Danke, im Moment nicht. Ihr Schwein …«

»Dieter-Theodor, bitte.«

»Dieter-Theodor benutzt Ihre Toilette?«

»Natürlich«, sagte sein Gesprächspartner und tätschelte das Schwein.

»Was machen Sie dabei, wenn die Frage gestattet ist?«

»Bravo! Sie denken mit. Ich betätige anschließend die Klospülung. Dieter hat zu kurze Beine. Weitere Fragen?«

MacDonald hätte gar vieles noch wissen wollen, doch würde es zu weit vom Fall wegführen. »Sie haben mich aber nicht nach oben gebeten, um über Ihr … Dieter-Theodor zu sprechen?«

»Sehe ich so aus?«

»Nein.«

»Geht es um die Schnepfe Milne?«

»Wie kommen Sie darauf?«

»Psychiater, was?«

»Bitte?«

»Hirnärzte geben auch nie Antwort, stellen immer Gegenfragen. Alle anderen Mitbewohner sind friedlich. Keiner von Ihnen hat sich je über Dieter-Theodor und mich beschwert. Bis diese Milne mit ihrer Ruhestörung daherkam. Dabei bewegt Dieter sich wie eine Elfe!«

»Wenn Sie es sagen.«

»Von wegen Gesundheitsrisiko! Die sollte ihrem Rotzlöffel lieber mal gründlich die Ohren waschen.«

»Sie beziehen sich auf Mrs Milnes Sohn?«

»Rennt den ganzen Tag durchs Haus und imitiert den Blitz. Das hält doch niemand aus. Der Apfel fällt nicht weit vom Stamm. Ich könnte Ihnen einige Geschichten erzählen über seine Mutter! Mannstoll ist die!«

»Na, ja, Mrs Milne ist noch sehr jung und …«

»Sie sollte ihrem Sohn ein gutes Vorbild sein. Bestimmt hat sie auch ein paar Bälger ins Waisenhaus gebracht. Oder vorher noch für Abhilfe gesorgt.«

»Bitte, genug. Ich kann mir denken, was Sie meinen.«

»Ist der Herr ein bisschen empfindlich, was?«

»Ich wüsste nicht, warum das eine negative Eigenschaft sein soll. Ungehobelte Klötze gibt es bereits genug.«

»Eben! Warum müssen die alle die Milne besuchen? Gleichzeitig!«

»Äh, wie meinen?«

»Eine Frau, die mehrere Männer auf einmal empfängt!«

»Woher wissen Sie das denn?«

»Stimmen, ich höre Stimmen, Mister … wie heißen Sie?«

»MacDonald.«

»Den Namen habe ich in der letzten Zeit oft unter mir gehört.«

»Sind Sie sicher?«

»Nur weil meine Wirbelsäule verbogen ist, muss nicht mein Verstand beschädigt sein.«

»MacDonald ist ein sehr gängiger Name, Mister …?«

»Tut nichts zur Sache. Wie dem auch sei, mehrere Stimmen deuten auf mehr als einen Typen hin.«

»Ist Ihnen bekannt, dass Mrs Milne als Whisky-Kabarettistin unterwegs ist? Vielleicht probt sie in der Wohnung in verschiedenen Tonlagen.«

»Was soll das sein, Whisky-Kabarett? Es gibt Whisky und Kabarett. Erzählt sie Zoten über Scotch?«

»Da bin ich überfragt, Sir.«

»Warum spionieren Sie ihr hinterher, MacDonald? Das tun Sie doch, oder?«

»Können Sie ein Geheimnis für sich behalten?«

»Ich nehm's mit in mein Grab. Wird nicht mehr lange dauern.«

»Mrs Milnes Familie möchte in Kontakt treten mit ihr.«

»Schuldet sie den Verwandten Geld?«

»Nein, eine reiche Tante ist gestorben.«

»Jetzt bekommt sie auch noch ungefragt Zaster zugesteckt! Sind Sie von der Versicherung?«

»Haben Sie vielen Dank für das Gespräch, Sir.«

»Moment mal. Sie wollten doch sehen, wie Dieter eine Rolle macht?«

»Beim nächsten Mal gerne.«

»Es macht ihn immer so glücklich.«

»Du hast von einer Erbschaft erzählt?«, fragte Alberto seinen Freund am Telefon.

»Auf die Schnelle ist mir nicht anderes eingefallen.«

»Der Typ lebt tatsächlich mit einem Schwein zusammen?«

»Surreal! Wenn ich es nicht selbst gesehen hätte! Als ich heimkam, musste ich erst einmal einen zehnjährigen Benromach zu mir nehmen.«

»Miniaturschweinchen, ja?«

»Keineswegs, ein riesiges Tier!«

»Ist der Mann Metzger?«

»Das habe ich nicht gefragt.«

»Ich ahne viele Schnitzel.«

»Dieter-Theodor wird nicht geschlachtet werden. Er ist sein Haustier.«

»Wie Sir Robert?«

»Genau.«

»Was hast du noch ermittelt?«

»Der Herr erzählte mir, dass mein Name in der letzten Zeit öfter in der Wohnung unter ihm zu hören war.«

»Angus Thinnson MacDonald?«

»Nur MacDonald.«

»Hat nicht zwangsweise etwas zu sagen.«

»Nein, aber Mrs Milne ist mir gegenüber sehr feindselig.«

»Dann sind das eben zwei Zufälle. Sie hat doch nicht wissen können, dass du das Seminar leitest. Eventuell sucht sie in der Akademie einen Ehemann.«

»Woher hat sie das Geld für den Kurs?«

»Von einem ihrer zahlreichen Verehrer?«

»So aggressiv, wie sie auftritt, wird sie sich mit der Gattensuche schwer tun.«

»Behandelt sie alle Männer im Kurs kiebig?«

»Nein, nur mich.«

»Siehst du.«

»Was sehe ich denn, Alberto?«

»Jeder Mann und jede Frau fühlt sich zu einem bestimmten Typ hingezogen. Wir fahnden doch nach der Person, die Torquil Hastie schadet, nicht nach neuen Mitgliedern für den Angus-Fanklub.«

»Wir können aber nicht ausschließen, dass Mrs Milne mich benutzt, um schlecht über die Akademie zu reden. Wir wissen beide, dass das Internet quasi ein rechtsfreier Raum ist. So gut wie alles kann dort ablegt werden. Selbst die Encyclopedia Britannica musste ihre Pforten schließen, weil sich ein erklecklicher Teil der Menschheit für geborene und begnadete Enzyklopädisten hält. Überhaupt ist es …«

»Angus, konzentrieren wir uns lieber auf den Fall!« Wenn sein Freund sich über die Schattenseiten des Internets echauffierte, gab es so schnell kein Ende.

»Okay, das machen wir«, antwortete der Gourmet, wie aus einer Trance erwachend.

»Negative Kritiken könntest du auch von anderen Teilnehmern bekommen.«

»Nur wenn ich ein schlechtes Seminar veranstalte.«

»Sisi, hast ja Recht. Geht es morgen weiter?«

»Ja, mal sehen, was die Teilnehmer davon halten, dass sie wieder mit mir vorliebnehmen müssen.«

»Sisi. Ciao!«

Wieder ein jähes Konversationsende im Vitiello-Stil. »Angus, was nimmst du aus dem Gespräch mit?«, fragte der Gourmet sich. »Theoretisch können alle Teilnehmer Negatives über die Akademie verbreiten.« MacDonald erstellte eine Liste. Kimmekörnle und Meiklejohns Anwesenheit mochte in ihrer Geltungssucht liegen. Beide würden zu Hause mit der Akademie-Urkunde angeben. Doch eine Sabotage war nicht zu hundert Prozent auszuschließen. Mrs Hamilton war ausgesprochen höflich. Shop-Besitzer Fairbairn hatte vermutlich genügend Geld und saß aus Langeweile dabei. Joan Milne blieb ein Fall für sich. Im schlimmsten Fall hatte niemand etwas mit der Sabotage zu tun. Torquil Hastie war fest vom Gegenteil überzeugt, gab aber nicht den geringsten Grund dafür an. Mrs Gilchrist verlor ihre

Anstellung als Krankenschwester und müsste glücklich sein, so kurzfristig in der Akademie untergekommen zu sein. Warum aber handelte sie so feindselig?

Gleich nach dem Frühstück rief er wieder Karen an. Privat übernahm der Anrufbeantworter und die Praxis war belegt. Eine schöne Misere hatte er sich eingebrockt. Traurig und ironisch zugleich, weil doch die Orkney-Reise vergangene Missverständnisse hätte klären sollen. Er verließ das Haus. Das Taxi wartete bereits auf ihn. Der Fahrer stand neben der geöffneten Tür und nickte. »Guten Morgen, Sir.«

»Sie sind es wieder?«

»Tut mir leid, Sie zu enttäuschen, Mister MacDonald.«

»Meinen Namen kennen Sie auch?«

»Ja, von der Zentrale.«

»Ist das so üblich?«

»Um ehrlich zu sein, wusste ich schon vorher, wer Sie sind. Meine Frau besitzt alle Ihre Kochbücher und Sie bestellen oft einen Wagen. Darf ich Sie wieder in die Akademie bringen?«

»Bitte, ja.«

Die weitere Fahrt versank in Schweigen, was MacDonald etwas wunderte. Vor der Akademie gestikulierte Fairbairn wild mit Mrs Gilchrist. Hastie zeigte zu einem riesigen blauen Fleck auf der Hauswand und schüttelte den Kopf.

»Sie können bereits anhalten, der Herr. Ich danke Ihnen.« Er wollte die Szene beobachten, ohne dass es jemand mitbekam. Hastie stand eher besonnen dabei. Mrs Gilchrist dagegen war außer sich, das Gesicht gerötet und ihr Haarturm kurz vor dem Umkippen. Sie strich sich über den Rock und stöckelte nach drinnen, Hastie dicht hinter ihr, in normaler Gangart. Fairbairn wartete, bis die beiden weg waren, trat dicht an die Hauswand und rieb den kleinen Finger der linken Hand über den Farbfleck.

»Guten Morgen, Mister Fairbairn«, sagte Angus.

Er drehte sich abrupt um. »Wo kommen Sie denn her?«

»Von zu Hause.«

»Haben Sie gelauscht?«

Woher sollte Fairbairn das wissen? Es sei denn, eine weitere Person hatte ihn beobachtet. Noch ein Gedanke weiter und du bist auf der Ebene der Rekonstruktion des Kennedy-Mordes, Angus! Lieber einfacher denken, wie Alberto sagte.

»Ich komme zum Dienstantritt.«

»Haha, mein Dad hat auch immer vom Dienst gesprochen.«

»War Ihr Vater Beamter?«

»Nein, aber er hat als Destillerie-Angestellter eine Menge für Schottland getan.«

»Darf man fragen, um welche Destillerie es sich handelt?«

»Glenkinchie.«

»Vor den Toren der Stadt. Sehr schön. Ihr Dad ist pensioniert?«

»Schon lange, ja. Nach seinem Unfall hatte er keine Wahl.«

»Das tut mir leid. Missgeschick bei der Arbeit?«

»Nach zehn Jahren hat er sich immer noch nicht mit seinem Schicksal abgefunden.«

Irgendetwas stieß MacDonald bei dieser Geschichte auf. »Sie haben blaue Farbe auf der Hose, Mister Fairbairn.«

»Das muss gerade eben geschehen sein, als ich die Wand berührte. Wollte nur sehen, ob sie schon trocken ist. Mrs Gilchrist beschuldigt mich dieser Aktion. Wen haben Sie im Verdacht?«

»Um die Frage zu beantworten, müsste ich mir erst einmal einen Überblick verschaffen.«

»Tun Sie das, Mister MacDonald, denn mir kommt die Sache spanisch vor.«

»Erhellen Sie mich, bitte.«

»Die Farbe scheint mit einem Pinsel aufgetragen worden zu sein.«

»Was bedeuten würde, dass ein Anschlag gar nicht vorliegt?«

»Anschlag? Wow! Sie sehen gerne Agenten-Filme?«

»Nein, ich bin eher James Bond der Kochtöpfe, wie mir letzthin gesagt wurde.«

Fairbairn verzog keine Miene. »Im Prinzip könnte der Täter die Farbe ganz offiziell aufgetragen haben.«

»Indem er einen Pinsel ins Farbeimerchen taucht und sein Werk verrichtet, als ob es das Natürlichste der Welt wäre?«

»Sie hätten Detektiv werden können«, sagte Fairbairn und sah MacDonald eindringlich an. Ob er von seiner Tätigkeit wusste? Angus Thinnson MacDonald stand nicht als privater Ermittler im Branchenbuch. Doch war die Welt klein und seine Reputation (alle bisherigen Fälle aufgeklärt) hatte den Kreis von Bekannten und Freunden längst überschritten.

»Haben Sie mal über die Whisky Tram nachgedacht?«

»Nein, Mister Fairbairn, es war mir noch nicht vergönnt.«

»Sie können mich Whisky-Joe nennen.« Der Shopbesitzer ließ ihn stehen, ohne sich zu verabschieden, und Angus blieb noch einen Moment im Freien, um nachzudenken. Fairbairn senior hatte also bei Glenkinchie gearbeitet. Wenn ihm nur einfiele, wer damals Destillerie-Manager war.

»Sollten Sie nicht längst im Seminarraum sein, anstatt eine Hauswand anzustarren?«

»Mrs Gilchrist, Sie bringen mich noch ins Grab mit Ihren blitzartigen Materialisierungen!«

»Damit wäre niemandem gedient. Husch, husch, jetzt.«

»Ich muss doch sehr bitten!«

Alberto war froh, dass er, mit Maria aus dem Haus, die Zimmer inspizieren konnte. Dieser Kimmkorn war als Erster gegangen. Bei ihm würde er beginnen. Sein Poliertuch in der Hand, schritt er nach oben.

La donna è mobile
Qual piuma al vento
Muta d'accento
E di pensiero!

Wer nichts zu verbergen hatte, konnte laut singen. Das Fenster im Zimmer des Deutschen war geöffnet! Eine der größten Sünden in der Heizperiode! Es war doch nicht zu viel verlangt mitzudenken. Die Saboteure beschwerten sich immer am lautesten über alle möglichen Dinge. Kimmeirgendetwas war nur wenige Tage in der Stadt und hatte bereits einen Stapel Bücher gekauft! Wie konnte das sein? Er ging zum Nachttisch und inspizierte die Bände. Alle handelten von Whisky! Warum Geld dafür ausgeben, wenn man eine Akademie besuchte? Er musste Angus anrufen.

»MacDonald am Apparat.«

»Man kann dich kaum verstehen!«

»Könntest du bitte etwas leiser sprechen?«

»Warum denn?«

»Ich bin im Akademiegebäude und wurde von der Chefsekretärin bereits gerügt.«

»Tschuldigung, du Ärmster.«

»Du wolltest mich etwas fragen?«

»Mehr eine Sache besprechen.«

»Alberto, ich habe nicht viel Zeit.«

»Der deutsche Gast hat sich Whisky-Bücher zugelegt.«

»Ja …?«

»Er hat doch schon Geld an die Akademie gezahlt.«

»Vermutlich will er sich trotzdem weiterbilden. Das Thema Whisky ist unerschöpflich.«

»Sisi, weiß ich doch.«

»Herr Kimmekörnle wohnt zudem in Deutschland und seit dem Brexit ist es für ihn teuer geworden, an britische Bücher zu gelangen. Dass er bei seinem Aufenthalt hier zuschlägt, kann ich verstehen.«

»Trotzdem …«

»Bin schon unterwegs, Mrs Gilchrist.«

Alberto klopfte sich auf die Schenkel. Armer Teufel! Einem Pantoffel knapp entwischt und schon unter dem nächsten, haha! Die Whisky-Bücher standen in einer akkuraten Reihe auf dem Nachttisch und auch der Rest des Zimmers war in exzellentem Zustand. Vitiello machte ein Foto der Bände. Auf ging's zu Meiklejohns Raum. Sein Gefühl sagte ihm, dass der Amerikaner erneut schnell zurückkehren würde. Auch hier fand er alles sauber vor. Fast ein bisschen enttäuschend. Moment mal, die Western-Romane fehlten. Nie im Leben hatte er die alle schon gelesen. Im Schrank versteckt? Was war denn das? Ein tragbarer Tresor für Western-Romane! Diese Gäste ließen sich immer wieder etwas Neues einfallen. Angus würde natürlich einwenden, dass man über den Inhalt nichts wissen konnte. Ob er das Behältnis in Edinburgh gekauft hatte? Er wird ihn kaum im Handgepäck aus Amerika mitgebracht haben, Alberto! Außerdem hätte ich ihn dann bereits bei der ersten Inspektion gesehen. Noch ein Blick unter die Matratze? Warum nicht! Oha, Whisky-Zeitschriften mit seltsamen Zeichnungen! Nun zu Wendy Hamilton, der möglichen Verlobten für seinen Freund. Angus und Wendy hörte sich gut an. Sie wohnte am anderen Ende Großbritanniens. Penzance war sehr schön und möglicherweise konnte die Villa Buongiorno eine Kooperation mit einem cornischen Guest-House eingehen, indem man sich wechselseitig Gäste empfahl, ganz professionell mit Visitenkarten. Mrs Hamilton war wirklich Bildhauerin, denn er entdeckte nun alle möglichen Utensilien mit Preisschild. Natürlich hatte sie die schweren Gegenstände nicht mit sich auf die Reise nehmen wollen und lieber in Edinburgh gekauft. Auf dem Tisch lag ein ausgebreiteter Stadtplan, mit dickem Filzstift bearbeitet. Zehn blaue Kreise um einen erhabenen Kreis in der Mitte. Er riss einige Blättchen eines Villa-Buongiorno-Blocks ab, wie sie auf jedem Zimmer lagen, und markierte die Position des Plans. Mit beiden Händen, die Arme weit gestreckt, hob er den Plan in die Luft und legte ihn aufs Bett. Auf dem Tisch ein Foto der Whisky-Akademie. War sie ein stilles Wasser? Misstrauisch geworden, ging er noch mal ins Zimmer des Deutschen, stellte einen Stuhl vor den Schrank und stieg darauf.

So stark wurde der Tumult, dass der Referent sich gezwungen sah, den Raum zu verlassen. Diese Teilnehmer behandelten ihn wie einen Auszubildenden. Unter normalen Umständen wäre das tolerierbar gewesen, aber der Zwist mit Karen setzte ihm mehr zu, als er erwartet hatte. Selbst die Produktion seines neuen Kochbuches lag brach. Torquil hatte versprochen, zu Beginn die Situation zu erklären, zog es dann aber vor, am Morgen nicht zu erscheinen. Wer konnte es ihm verübeln? »Damen und Herren, der Akademie ist das Geld ausgegangen und Sie müssen mit Angus MacDonald und seinem unorthodoxen Unterricht vorliebnehmen.« Heftiges Klopfen ließ ihn aufschrecken.

»Mister MacDonald, irgendwann müssen Sie da rauskommen!«

»Sagt wer?«

»Chefsekretärin Grace Gilchrist.«

»Wie gelangten Sie auf die Herrentoilette?«

»Natürlich durch die Tür.«

»Fehlverhalten wird durch bloßes Benennen nicht getilgt.«

»Immerhin verstecke ich mich nicht wie ein kleiner Junge auf dem Örtchen.«

»Pardon! Ich habe den Teilnehmern …«

»Und Teilnehmerinnen.«

»… mitgeteilt, dass ich mir kurz die Hände waschen gehe. Das wohlgemerkt nach einer hitzigen Debatte, eher mehreren glühenden Monologen, die ich über mich ergehen lassen musste.«

»Sie sollten sich ein dickeres Fell zulegen, MacDonald.«

»Mister MacDonald!«

»Dann eben Mister MacDonald.«

»Kimmekörnle, der Wendelin, wedelte mir seinen Vertrag unter die Nase, reklamierte die beiden ach so berühmten Kollegen, die im Programm aufgelistet sind, als ob ich Mister Nobody wäre, und Mister Meiklejohn drohte, mich und den Akademiepräsidenten wegen Nichteinhaltung des Lehrplanes zu verklagen.«

»Sie armer Wurm.«

»Danke.« Das kam von einer gefühlsarmen Frau überraschend. »Haben Sie Torquil erreicht?«

»Noch nicht.«

»Gibt es Anhaltspunkte, wo er sich aufhalten könnte?«

»Ich bin Mister Hasties Sekretärin, nicht seine Verlobte.«

»Verlobte? Torquil ist doch verheiratet.«

»Gleichwohl, die vielen Störaktionen sind ihm auf den Magen geschlagen.«

»Mehr als verständlich.« Doch keine Antwort auf seine Frage …

»Sehen Sie.«

Immer musste sie das letzte Wort haben. »Was schlagen Sie vor, Mrs Gilchrist?«

»Augen zu und durch.«

»Soll heißen?«

»Das hat mein Vater immer gesagt. Er war bei der Navy.«

»Wir könnten Drinks spendieren.«

»Etwa auf Kosten der Akademie?«

»Es sei denn, Sie haben selbst ein Fläschchen im Schreibtisch.«

»Wo denken Sie hin?! Was ist denn unser Ziel dabei?«

»Die Anwesenden betrunken zu machen.«

»Mister MacDonald, ich muss doch sehr bitten!«

»In Zukunft werde ich meine rechte Hand heben, damit Sie wissen, wann ich es nicht ernst meine.«

»Gute Idee.«

MacDonald streckte die Hand aus, um zu demonstrieren, dass er gerade einen Scherz gemacht hatte.

Mrs Gilchrist sah ihn mit offenem Mund an. »Sie meinen, ein Gläschen Whisky versöhnt alle?«

»Unterschätzen Sie nicht die Wirkung von Free Whisky auf einen Schotten.«

»Wie auch eine Schottin.«

»Auch das, ja.«

»Unter den fünf Teilnehmerinnen und Teilnehmern sind jedoch nur zwei von hier.«

»Gewiss, aber die Herren Meiklejohn und Kimmekörnle fühlen eine große Nähe zu unserem Land und Mrs Hamilton hat als Einzige vorhin nicht rebelliert.«

»Sie scheinen ihr sehr sympathisch zu sein, Mister MacDonald.«

»Finden Sie?«

»Sie hat es mir selbst gesagt.«

»Mir war nicht klar, dass Sie beide auf so gutem Fuß stehen.«

»Tun wir nicht. Aber ich bin ein Mensch, zu dem man schnell Vertrauen fasst.«

»Das sind Sie, äh, in der Tat, Mrs Gilchrist.«

MacDonald und die Chefsekretärin konnten sich mit den Teilnehmern (und Teilnehmerinnen) darauf einigen, das Seminar besser am nächsten Tag fortzusetzen. Zu verfahren war die Situation noch, zu enerviert blieben die Gemüter. Das hatte sich zwar bei der dritten Runde Scotch ein wenig gebessert, doch fehlte dann die Konzentration. Angus war nicht unbemerkt geblieben, dass Mrs Gilchrist Wendy Hamilton etwas zuflüsterte. Nachdem alle gegangen waren, fragte die Bildhauerin schüchtern, wo man denn in der Stadt eine Tasse Kaffee bekäme. Zum Ingrimm des Gourmets an jeder Ecke! Wer eine anständige Tasse Tee trinken wollte, hatte es ungleich schwerer. Einem Gentleman stand nur diese Antwort zu: »Darf ich Sie begleiten?«

»Nein, so meinte ich das aber nicht, Mister MacDonald.«

»Nach den heutigen Strapazen ist es mir eine Ehre, Sie einzuladen.«

Zwanzig Minuten später saßen sie im Coffee Shop des Royal Botanic Garden.

»Kommen Sie öfter hierher, Angus? Ist es okay, wenn ich Sie so nenne? Oder doch lieber weiter den Familiennamen benutzen?« Sie lachte. »Ich rede wieder zu viel.«

»Könnten Sie mich im Seminar bitte mit Nachnamen anreden? Damit sich die anderen Teilnehmer nicht in irgendeiner Weise benachteiligt fühlen.«

»Kein Problem. Mache ich gerne, Angus.«

Danach gefragt, hätte er den Grund nicht angeben können. Aber es freute ihn, dass sie ihn vertraulich anredete. »Entschuldigen Sie noch einmal das Tohuwabohu heute und gestern.«

»Tohuwabohu«, wiederholte sie langsam. »Ihr ausgeprägter Wortschatz ist zu bewundern.«

»Herzlichen Dank. Zumeist ecke ich an damit.«

»Weil die Menschen zu viele Stunden mit ihren mobilen Telefonen verbringen.«

»Sie sprechen mir aus der Seele.«

»Wer nur noch mit einigen Zeichen kommuniziert, verliert die Fähigkeit, sich artikuliert auszudrücken.«

»Wie schön, dass Sie dabei sind.«

»Sie meinen im Coffee Shop?«

»Nein, in meinem Seminar.«

»Habe Sie ein wenig auf den Arm genommen.«

»Ich weiß«, antwortete MacDonald.

»Und doch lachen Sie nicht.«

»Tut mir leid.«

»Für die Umstände in der Akademie können Sie auch nichts. Den Feueralarm lösten nicht Sie aus, sondern Mrs Gilchrist, und Mister Hastie in der Not zu helfen, ehrt Sie.«

»Kennen Sie Mrs Gilchrist schon länger?«

»Würde ich nicht sagen. Doch Sie und Torquil Hastie sind gute Freunde, ja?«

»Sehr gute Bekannte, könnte man sagen.«

Sie lachte wieder. »Also sehr gute Bekannte. Wie lange schon?«

»Zehn Jahre.«

»Kennen Sie ihn von Glenkinchie?«

MacDonald fuhr mit seinem Stuhl ruckartig zurück. »Natürlich, klar.«

Wendy Hamilton entfernte sich instinktiv ebenfalls ein Stück vom Tisch. »Geht es Ihnen gut?«

»Ja, mir ist nur gerade etwas eingefallen.«

»Das habe ich gemerkt.«

»Sie Ärmste müssen mich für meschugge halten.«

»Schönes Wort.«

Torquil war Manager der Glenkinchie-Destillerie, etwa zur Zeit des Unfalls von Fairbairn senior. Das warf ein völlig neues Licht auf Juniors Teilnahme. Doch hätte er es ja auch für sich behalten können. Oder sprach der Mann davon, um zu demonstrieren, dass er nichts zu verbergen hatte?

»Ädinburk an Angus.«

»Wie meinen?«

»Nennen Sie mir Ihren gegenwärtigen Aufenthaltsort?«

»Botanischer Garten.«

»In Ädinburk?«

»Irgendwo habe ich diese seltsame Aussprache meiner Heimatstadt schon einmal vernommen.«

»Wendelin, der Kimmekörnle, war's.«

»Haha, ja, er hat schon eine eigenwillige Art zu sprechen, dieser Gentleman.«

»Richtig lustig wird es, wenn er nervös wird.«

»Sie haben das schon erlebt?«, fragte MacDonald.

»Ja, heute Morgen.«

»Interessieren Sie sich schon lange für Whisky?«

»Warum denn?«

»Sie wussten, dass Torquil Hastie Manager von Glenkinchie war.«

»Das hat mir irgendjemand im Seminar erzählt.«

»Darf ich fragen wer?«

»Hab ich vergessen. Ist es wichtig?«

»Nein.«

»Sind Sie auch ein Fan von Mister Hasties Jahrbuch?«

»Torquil leistet ganze Arbeit. All die Fakten zusammenzutragen, ich bewundere ihn.«

»Lesen Sie auch seine Tasting Notes?«

»Hin und wieder.«

»Klingt nicht gerade hingerissen.«

»Wissen Sie, Mrs Hamilton, bei mir ist es mehr ein zeitliches Problem. Wollte ich sämtliche Whisky-Bewertungen lesen, könnte ich nichts anderes mehr machen. Es gibt einfach zu viele neue Abfüllungen.«

»Ich kenne mich in der Materie nicht gut aus, aber finden Sie es nicht erstaunlich, dass zu Mister Hasties Spitzenreitern meistens fremde Whiskys zählen?«

»Was verstehen Sie unter fremden Whiskys?«

»Solche, die nicht aus Schottland stammen.«

Angus stutzte einen Moment. »Sie kennen Torquils Bände aber gut.«

»Alle Seminarteilnehmerinnen bekamen vorab einen Stapel Unterlagen zugesendet. Darunter waren auch die letzten Hits des glorreichen Hastie.«

»Torquil spielt in einer Band auf?«

»Seine letzten drei Bücher meine ich. Den größten Blumentopf erhalten Whiskys aus Kanada, Irland, Japan und so weiter. Fast, als ob unser Land bewusst vermieden wird.«

»Verzeihen Sie die Frage, Mrs Hamilton. Sie sind Engländerin, ja?«

»Mit Leib und Seele? Wieso?«

»Sie sprachen von unserem Land.«

»Dann eben Großbritannien«, antwortete sie, zum ersten Mal ungehalten. »In England haben wir übrigens auch Whisky-Destillerien.«

»Wales nicht zu vergessen.«

»Sowie ein expandierender Markt in Nordirland. Warum lächeln Sie so weise, Angus?«

»Sie haben sich bereits viel Wissen angeeignet.«

»So mache ich es immer, wenn ich mich einem Gebiet zuwende. Manche Freundinnen finden, dass ich übertreibe. Nicht zu Unrecht, denn es steht selten im Verhältnis zu dem, was ich benötige. Aber so arbeite ich eben.«

»Wir sind nicht so verschieden. Meine Recherche für ein neues Buch ist ebenfalls immens. Selbst für eine Rezension wälze ich viel Material.«

»Besprechen Sie viele Bücher?«

»Mehr als ein Dutzend pro Jahr. Der Markt boomt nicht nur bei Whiskys.«

»Fesselnd.«

»Finde ich auch«, antwortete MacDonald. Derart konnte eine Reaktion auf seine Tätigkeit also auch aussehen. Warum kritisierte Frau Doktor ihn permanent? Auch war er derjenige, der Beziehungsratgeber studierte, nicht Karen. »Interessieren Sie sich für Psychologie-Bücher?«

»Hin und wieder kommt das vor.«

»Welch vielseitiger Mensch Sie doch sind, Mrs Hamilton.«

»Sie können mich gerne Wendy nennen.«

»Gerne, es ist nur …«

»In der Akademie halten wir uns natürlich an die Regeln. Vielen Dank auch, Angus. Für meine bildhauerische Arbeit habe ich schon einige Anregungen erhalten.«

»Freut mich zu hören. Natürlich werde ich Sie nicht nach Details fragen.«

»Kein Interesse?«

»Eher weil ich mir vorstellen kann, dass es Ihnen wie mir geht. Solange ein Projekt nicht abgeschlossen ist, erfährt keine Menschenseele davon.«

»Wie in geheimer Mission?«

Schon wieder der James Bond der Kochtöpfe!

»Pardon, wollte Sie nicht verletzen. Kommen Sie zu Joans Performance?«

»Misslicherweise habe ich keine Ahnung, worum es geht.«

»Joan Milne präsentiert ihr Kabarett. Sie spricht auch über einen bekannten Whisky-Dozenten. Das wird bestimmt unterhaltsam.«

Ob Mrs Milne erfahren hatte, dass er sich in ihrem Haus aufgehalten hatte? Es deutet alles darauf hin, Angus. Der Weg des Detektivs war oft steinig. Nun führte er auch noch auf eine Showbühne, und es wäre gut, wenn Karen weiter unerreichbar bliebe!

»Dass man zu viel Whisky hatte, erkennt man daran, wenn man sich etwas von der Schulter zu bürsten versucht und merkt, dass es der Fußboden ist.«

Full Scottish Breakfast

Angus hatte gerade eingedeckt, um mit einem großen Frühstück düstere Gedanken zu vertreiben, als sein Telefon klingelte. »MacDonald am Apparat. Was kann ich für Sie tun?«

»Möchte bitte einen Haushaltsroboter kaufen.«

»Ist dir das gerade eben eingefallen?«

»Warum meldest du dich so förmlich?«

»Um mich überraschen zu lassen, blickte ich nicht aufs Display. Torquil ist untergetaucht. Wie du weißt, wollte er zu Beginn des zweiten Seminartages eine versöhnliche Rede halten. Doch als ich die Akademie gestern Morgen betrat, war er verschwunden.«

»Hattest du nicht gesagt, dass er Alkoholiker ist?«

»Nein, nur erzählt, dass er unlängst nach Whisky roch.«

»Immerhin ist er ein Whisky-Direktor. Das verpflichtet.«

»Signor Vitiello, nach deinem Schabernack ist mir nicht zumute.«

»Du hast gut reden. Dieser Kimmerdingsda hat heute Morgen wieder ein großes englisches Frühstück bestellt.«

»Hast du es ihm wegen falscher Wortwahl verweigert?«

»Zuerst ja. Aber du weißt ja, dass Maria immer so versöhnlich sein will. Hast du den zweiten Tag gut überstanden?«

»Da war ja gar kein zweiter Tag. Die Seminaristen streikten.«

»Porca miseria. Wie haben die so schnell eine Gewerkschaft organisiert?«

»Im übertragenen Sinne. Man weigerte sich, weiter vom selben Dozenten unterrichtet zu werden.«

»Sie haben etwas gegen dich?«

»Themenzentrierte Interviews konnte ich nicht dazu führen. Zu feurig waren die Gemüter. Besonders dein amerikanischer Gast tat sich hervor, benutzte ständig das Wort regresspflichtig.

Mit mehreren Freiwhiskys konnte ich die Stimmung ein bisschen heben. Was kannst du Neues berichten?«

»Intensive Untersuchung der Zimmer. Beim Yankee musste ich zweimal anrücken. Er kehrt gerne gleich wieder zurück, nachdem er das Haus verließ, hatte Whisky-Magazine ausliegen.«

»The Whisky Magazine.«

»Prego?« Vitiello mochte es, nicht unterbrochen zu werden, weil er dann den Faden verlor.

»The Whisky Magazine heißt die bekannteste Zeitschrift. Ich bin einer der Autoren und gab Freiexemplare an die Seminaristen aus.«

»Der Amerikaner hat Totenköpfe an den Rand gemalt.«

»Wir leben in einem freien Land, Alberto. So lange er nichts Ungesetzliches malt, sehe ich kein Problem.«

»Totenköpfe neben deinem Namen sind kein schöner Anblick, mein Freund!«

»Du lieber Gott! Was hat der denn gegen mich?«

»No so, Angus. Bei den Amerikanern weiß man nie.«

»Er konnte ebenso wenig wie die anderen wissen, dass ich der einzige Dozent bin.«

»Es sei denn, er war instruiert.«

»Bitte, was?« Sie betraten wieder das Land der grenzenlosen Vitielloschen Phantasie.

»An dem Typ kommt mir einiges verdächtig vor.«

»Das sagst du über alle Gäste, Alberto.«

»Si, und meistens habe ich Recht damit.«

»Sind wir wieder bei deiner Hypothese, dass Meiklejohn für den CIA arbeitet? Ich darf dich daran erinnern, dass Torquil mich um Hilfe bat, weil er boykottiert wird? Ein schottischer Whisky-Fachmann ist zudem für den amerikanischen Geheimdienst nicht eben interessant. Obwohl …«

»Si, was denn, Angus?«

»Bruichladdich wurde schon einmal vom CIA beschattet, weil man in der Destillerie verdächtige Aktivitäten vermutete. Allerdings löste sich alles in Wohlgefallen auf, und die Destillerie konnte das Ereignis gut vermarkten.«

»Siehst du!«

»Vielleicht wird der Papst eines Tages Protestant.«

»Il Pap-pa! Hör mir bloß mit dem auf!«

»Seit wann schreibt man das mit zwei p?«

»Bin kein Bewunderer von ihm!«

»Zur Verspottung also.«

»Dieser Meiklejohn hat auch einen Tresor ins Zimmer gebracht. Das Ding ist verschlossen.«

»Es liegt in der Natur des Safes. Hast du die Zimmer von Herrn Kimmekörnle und Wendy Hamilton auch ein zweites Mal beehrt?«

»Der Deutsche hat einen Stapel Papier auf den Kleiderschrank gelegt.«

»Worum geht es?«

»Komische Notizen: Matrosenstiefel, in Teer getunkt und angezündet. Ölige Mechanikerhose mit Fettgeruch, Cheeseburger. Tänzelnde, nicht fassbare Ballerina. Wie ein traumhafter Nachmittag mit bildhübscher Gesellschaft.«

»Sonst noch etwas? Muss meinen Unterricht vorbereiten …«

»D'accordo. Mach nur, mein Freund. Sag mir bitte Bescheid, wenn sich etwas Neues ergibt. Irgendwann muss dein Freund Hastie ja wieder auftauchen.«

»Wollen wir es hoffen.«

Angus traf eine Stunde vor Seminarbeginn in der Akademie ein, als Mrs Gilchrist auch schon die Tür aufriss. Statt eines Vorwurfs oder lauter Klage winkte sie MacDonald stumm ins Gebäude und hob im Flur flüsternd an: »Mister Hastie ist da drinnen. Ich verstehe nicht, was mit ihm los ist.«

»Haben Sie ihn gefragt?«

»Natürlich. Er gibt keine Antwort und transpiriert stark.«

»Ungewaschen kehrte er zurück?«

»Ich muss doch sehr bitten!«

»Es war nur eine Frage, Mrs Gilchrist.«

»Jaja, Mister Hastie riecht nach Alkohol. Bleibt zu hoffen, dass er sich nicht an seiner Whisky-Sammlung gütlich tat.«

»Sie wissen von der Kollektion?«

»Beim Einstellungsgespräch bot er mir weniger Geld an, als ich verlangte. Das habe ich als Chefsekretärin nicht nötig und sagte es ihm auch. Mister Hastie, wenn Sie mein Honorar drücken wollen, möchte ich wissen warum. So lauteten meine genauen Worte.«

»Was antwortete Torquil?«

»Er beichtete mir, zu viel seltenen Whisky erworben zu haben und dass der Wiederverkauf nicht so lief, wie er es sich vorgestellt hatte.«

»Wegen mir müsst ihr nicht flüstern.« Torquil stand in der halboffenen Tür. Ein blaues Auge war mehr schlecht als recht mit Make-up bearbeitet worden. »Grace, wäre es möglich, eine Tasse Tee zu bekommen?« Warum musste er immer erst darum bitten? Wollte Mrs Gilchrist Spielchen mit ihm treiben?

»Selbstredend«, antwortete die Sekretärin.

»Angus, du auch?«

»Wenn es keine Umstände bereitet, gerne.«

Hastie wies in sein Zimmer. »Dann mal rein in die gute Stube. Wie ich dich kenne, willst du mich etwas fragen, Angus. Nimm doch bitte Platz. Einen kleinen Whisky?«

»Danke, das ist mir etwas zu früh.«

»Zumal du ja im Seminar noch kosten musst.«

»Nur homöopathische Dosen. Geht es dir besser?«

»Ein wenig. Ich musste mal für mich sein.«

»Wir bemerkten es.«

»Entschuldige, ich hatte ja versprochen, mit den Seminarteilnehmern zu sprechen.«

»Nicht zu vergessen die Teilnehmerinnen«, ergänzte Mrs Gilchrist, die mit einem Tablett ins Zimmer getreten war. »Die Herren bedienen sich selbst?«

»Machen wir, Grace. Vielen Dank«, antwortete Hastie.

MacDonald wartete, bis die Tür von außen geschlossen wurde und ihr Atmen nicht mehr zu vernehmen war. »Was ist denn mit deinem Auge passiert, Torquil?«

»Du redest nicht lange um den heißen Brei herum.«

»Es ist kaum zu übersehen.«

»Bin die Treppe heruntergefallen.«

»So lautet deine Antwort?«

»Ich wollte in den Keller, um meine Sammlung zu begutachten, passte einen Moment nicht auf und da passierte es, auf der steilen Treppe. Du glaubst mir nicht?«

»Deine Geschichte ist, sagen wir einmal, sehr klassisch.«

»Erfunden demnach?«

Mit nein zu antworten, wäre gelogen, und ja würde zu weiterer Konfrontation führen. »Torquil, bedroht man dich?«

»Nein!«

»Helfen kann ich dir nur, wenn ich alle Fakten kenne.«

»Drohungen sind es nicht, eher Ankündigungen …«

»Die Grenze ist fließend. Was wird dir vorgeworfen?«

»Es geht darum, wie ich meinen Almanach konzipiere.«

»Weil du gerne Exoten herausstellst?«

»Whiskys aus Japan oder Kanada würde ich nicht als Exoten bezeichnen!«

Allzu viel Stress hatte Hastie in seiner Absenz nicht abgebaut.

»Verzeih bitte, Angus. Es war nicht böse gemeint. Mir ist einfach schleierhaft, wer hinter all den Briefen steckt.«

»Briefe? Im Plural? Seit wann bekommst du denn diese Nachrichten?«

»Etwa drei Monate.«

»Warum hast du nichts davon erzählt?«

»Es schien mir ohne Zusammenhang zu sein mit den Störaktionen.«

Damit konnte er sogar Recht haben. Es waren grundverschiedene Dinge: Rowdies, die gerne mit Farbe Unfug trieben und ihre Mitmenschen anpöbelten auf der einen Seite und dann jemand, der sich schriftlich artikulierte. »Was wird in den anonymen Briefen angekündigt?«

»Man will mich an den Pranger stellen. Angeblich gibt es bereits ein Dossier all meiner Verfehlungen.«

»Sind diese Fehler inhaltlicher Art?«

»Auch Stilblüten sollen darunter sein.«

»Hört sich nach einem Rundumschlag an. Da hat dich jemand richtig ins Herz geschlossen. Jack Fairbairn. Sagt dir der Name etwas?«

»Nein.«

Diese Antwort kam zu schnell und entschieden. »Vater von Joseph Fairbairn.«

»Immer noch nicht.«

»Whisky-Joe, einer der Seminaristen, Sohn von Jack.«

»Wenn du mir jetzt noch den Namen der Mutter nennst, wird mein Tag perfekt.«

Gab es einen Grund, schnippisch zu sein? »Den kenne ich nicht, Torquil. Der Senior arbeitete bei Glenkinchie. So wie du.«

»Wie auch viele andere«, sagte Hastie entnervt.

»Du warst Destillerie-Manager in der Zeit, als Fairbairn senior einen schweren Unfall hatte.«

»Unfall bei uns? Hatte ich dich nicht gebeten, alle Teilnehmer unter die Lupe zu nehmen?«

»Eben das habe ich getan«, antwortete MacDonald pikiert. Er arbeitete pro bono und wurde gerügt wie ein Assistent der Geschäftsführung! »In erster Linie sollte sich der damalige Destillerie-Manager erinnern.«

»Damit meinst du mich, Angus?« Hastie sah sehr verlegen aus. »Hast ja Recht, mein Freund.«

»Könnte ich die Briefe bitte sehen?«

»Hab sie allesamt weggeworfen.«

»Das war ein Fehler.«

»Apropos, ich hole heute mein Versäumnis nach und erkläre, warum du der einzige Dozent bist.«

»Lieber nicht.«

»Hast du Angst, dass ich es vermassle?«

Mit dem Odeur von Alkohol wäre das sicher gewesen. »Nein, es wird aber kaum nötig sein. Die Seminaristen haben sich wieder beruhigt. Noch eine letzte Frage zu den Briefen, Torquil. War es eher die Schrift einer Dame oder eines Herrn?«

»Neutral würde ich sagen.«

Was sollte das heißen?, fragte MacDonald sich. Von einem Roboter verfasst?

Nicht viel Sachdienliches, nur lückenhafte Informationen. Mein lieber Schwan, Kooperation sah anders aus! Fast wie beim letzten Fall. Warum wiederholten sich immer die unangenehmen Dinge? Nach dem denkwürdigen Gespräch begab Angus sich in den Seminarraum, um der Erste zu sein.

»Hallo, Angus, schön Sie zu sehen.«

»Bitte nicht, Mrs Hamilton«, sagte MacDonald flehentlich.

»Haben Sie Halsschmerzen, so leise, wie Sie reden?«

»Mein Vorname …«

»Ihrer? Angus ist ein schöner Name, finde ich. Sind Sie gut nach Hause gekommen?«

»Wer ist Angus?«, wiederholte Kimmekörnle, noch auf dem Weg zu seinem Platz.

Mrs Hamilton zeigt auf MacDonald. »Dieser junge Mann hier.«

»Jung …«, antwortete der Deutsche und präsentierte von Neuem seine Armbanduhr. »Wann fangen wir an?«

»Zur vereinbarten Zeit, Mister Kimmekörnle«, erklärte Angus.

»Also sehr bald.«

»Schön wäre auch, wenn alle Beteiligten dabei sein könnten, oder?«

»Kann ich nicht beeinflussen. Unsere Uhrzeit steht dagegen fest. Sie folgen heute dem Lehrplan, Mister MacDonald?«

»Werde mich bemühen.«

Kimmekörnle las von einem Blatt Papier ab: »Historische Entwicklung und Destillation von Whisky, das Geschäft mit Whisky, Rohstoffe, will nur sicherstellen, dass wir denselben Plan haben.«

Unhöfliche Direktheit, die sich der Grenze zur Unverschämtheit näherte. »Auch ich freue mich auf unser heutiges Seminar, Herr Kimmekörnle.«

»Sie kennen das Wort Herr, sind kundig in meiner Sprache?« Das schien den Deutschen eher abzuschrecken als zu erfreuen.

»Nur wenige Worte.«

»Ihre Aussprache ist sehr gut.«

»Thank you very much.«

»Batch-Destillation, Reifung …«

»Woher kommen Sie?«, fragte Mrs Hamilton und MacDonald war ihr überaus dankbar, nicht weiter gepiesackt zu werden.

Da diese Engländerin kaum ein Wort mit ihm gewechselt hatte, weder in der Akademie noch im Guest-House, erstaunte Kimmekörnle die Frage. »Na, aus Deutschland.«

»Aus welchem Teil?«

»Stuttgart, Württemberg in Baden-Württemberg, Süddeutschland. Kennen Sie das?«

»Wen bitte?«

»Württemberg.«

»Noch nicht.«

»Besuchen Sie mich gerne. Hier ist meine Karte. Bin Ingenieur.«

»Danke«, antwortete sie verdutzt, weil der Herr ohne Ehering schief grinste.

»Eigene Firma«, setzte er nach. »Sehr selbständig.«

»Das habe ich verstanden.«

»Enorm erfolgreich.«

MacDonald musste eingreifen. »Danke, Sir. Wir sind alle beeindruckt.«

»Seit über zehn Jahren. Guter Umsatz.«

Weniger peinlich wäre es, wenn der Mann eine Kontaktanzeige aufgäbe. Wollte er eine Frau aus Großbritannien? Trotzdem, auch das ließe sich einfacher über eine Annonce regeln.

»Kann Ihnen meinen Geschäftsbericht senden. Mit internationaler Briefpost. Oder ein PDF. Können Sie E-Mails empfangen?«

Wendy Hamilton konnte es nicht mehr ertragen, stand auf und ging zum Fenster.

War dieser Mann völlig übergeschnappt?, fragte MacDonald sich.

»Entschuldigung. Kann ich noch etwas fragen? Präsentieren Sie uns heute Tasting-Notes?«

MacDonald fuhr sich mit der Hand durchs Haar. »Könnten Sie bitte elaborieren?«

»Bin sehr gespannt, wie Sie den heutigen Whisky beschreiben. Ihr Vokabular und so weiter und so fort.«

»Mrs Milne, wie freue ich mich, Sie zu sehen«, sagte Angus zur eintretenden Teilnehmerin.

Joan Milne nickte außerordentlich konsterniert. »Wenn Sie es sagen.«

»Wo ist denn Ihr Sohnemann?«

»Dem hat's hier nicht gefallen.«

»Tut mir leid zu hören.«

»Ist alles Ihre Schuld!«

»Wie das, bitte?«

»Nichts bieten Sie hier an. Weder Spielzeug noch Betreuung oder Getränke für Kinder. Klar, dass er lieber zu Hause bleibt.«

»Soll ich mit Mister Hastie darüber sprechen?«

»Sagen Sie bloß, der Erdboden hat ihn wieder ausgespuckt?«

»Falls man es so formulieren möchte.«

Sein Ex-Butler trat als Nächster ein. »Guten Tag, Mister MacDonald. Wie geht es Ihnen?«

»Wie überaus schön, Sie zu sehen, Reginald.«

»Ganz meinerseits, Sir. Bin ich zu spät?«

»Viel Zeit haben wir nicht mehr«, sagte Kimmekörnle, der Wendelin, und streckte seinen Uhrenarm.

Angus winkte in seine Richtung. »Gut, dass wir Sie als Taktgeber haben, mein Herr.«

»Keine Ursache, mache ich gerne.«

»Mrs Hamilton, fand sich Mister Meiklejohn heute Morgen zum Frühstück ein?«, fragte der Gourmet.

Sie lachte. »Nur damit keine Missverständnisse entstehen. Wir wohnen im selben Guest-House. Nichts weiter.«

»Stimmt«, fügte Kimmekörnle wie bei einem Kindergeburtstag hinzu.

Schokoladentorte für alle, dachte MacDonald und auch, dass Milnes Sohn, der kleine Kriegssimulator, hier gar nicht so fehl am Platz gewesen war! »Ich schlage vor, wir warten noch fünf Minuten, bis die Herren Meiklejohn und Fairbairn eintreffen.«

»Nein, es wäre besser …«

Der Gourmet schnitt ihm das Wort ab. »Dann ist das beschlossen. Danke sehr, Sir.«

»Hab's gar nicht so …«

»Solidarität ist eine der schönsten Eigenschaften, die menschliche Wesen entwickeln können, und hier sind auch schon unsere noch fehlenden Teilnehmer. Wunderschönen guten Morgen, Gentlemen Meiklejohn und Fairbairn. Wir haben eigens auf Sie beide gewartet.«

Kimmekörnle sprang von seinem Platz auf. »Wo waren Sie denn?«

»Pints trinken«, antwortete Fairbairn aufgekratzt.

»Um diese Uhrzeit?«

»Mister Meiklejohn interessiert sich für unsere schottische Kultur. Habe ihm ein bisschen die Gegend gezeigt.«

MacDonald ergriff das Wort: »Freue mich sehr, Sie alle wieder begrüßen zu dürfen. Lassen Sie mich bitte den Stoff vom letzten Mal beenden, bevor wir …«

»Geschichte und Kunst der Destillation«, verlangte der Deutsche.

»… zu eben den Themen kommen, die Herr Kimmekörnle mir gewissermaßen aus dem Mund rauben will. Da wir in trautem Kreise sind, unterbrechen Sie mich bitte wieder gerne, wenn Verständnisfragen auftauchen.«

»Nur dafür?«, wollte der Deutsche wissen.

Angus seufzte, was Mrs Hamilton und Reginald zum Lachen brachte. »Falls Sie sich die Hände waschen wollen, ist eine Erlaubnis nicht nötig.«

»Was ist, wenn ich auf die Toilette muss?«

»Um Gottes willen!!«

»Nein, ehrlich, das kann doch auch passieren. Darüber haben wir noch nicht geredet.«

»Sie prozedieren nach Gutdünken, Herr Kimmekörnle. Kann ich beginnen?«

»Hab nichts dagegen.«

»Bin ich zu früh?« Die Sekretärin stand mit einer Flasche Whisky und Degustiergläschen im Raum.

»Mrs Gilchrist, Sie zeigen sich im richtigen Moment. Wie immer.«

»So bin ich. Wo darf ich das Tablett abstellen?«

»In die Mitte des Tisches«, schlug Wendy Hamilton vor.

MacDonald nickte.

Kimmekörnle inspizierte das Etikett der Flasche. »Glen Scotia Double Cask, ein anderer Whisky als letztes Mal.«

»Ist das ein Problem?«

»Nö, wollte es nur feststellen.«

»Wir hatten alles behandelt, was zu einem Tasting gehört, mit Ausnahme des Finishes.«

»Abgang«, sagte Kimmekörnle auf Deutsch.

MacDonald fuhr sich mit der Hand über die Stirn. »Das Finish also ...«

»Abgang, so sagen wir in Süddeutschland zum Finish.«

Falls die anderen Teilnehmer auch verwundert waren, ließen sie es sich nicht anmerken. »Wir degustieren einen Scotch aus dem Hause Glen Scotia. Seinem Alter wollen wir Respekt zollen.«

»Wie alt ist er denn?«, rief Kimmekörnle.

»Weiß ich nicht«, antwortete MacDonald.«

»Hä?«

»Es handelt sich um einen sogenannten NAS Whisky. No Age Statement, also ohne Altersangabe. Nun, wie würdigen wir diesen Tropfen? Nein, Mister Kimmekörnle, eine rhetorische Frage. Ich kenne die Antwort. Wir belassen den Whisky seinem Alter entsprechend im Mund, natürlich nicht in Jahren, sondern Sekunden. Bitte nicht einfach schlucken. So, werte Anwesende, machten das Cowboys nach einem Tagesritt durch die staubige Prärie. In früheren Jahrhunderten wusste man intuitiv, was gute innerliche Desinfektion mit ungereiftem Whisky wert ist.«

»Nur in den USA damals nicht?«

Wenn sich dieser Kimmekörnle weiterhin in den Vordergrund drängte, musste etwas geschehen! »Die gesetzlich vorgeschriebene Fassreifung von Scotch wurde erstmals im Jahr 1915 eingeführt. Zwei Jahre mussten es mindestens sein und ab 1916 waren es dann drei. Für sieben, acht Sekunden bleibt dieser Whisky im Mund. Dabei lassen wir ihn wandern, von der Zungenspitze, nach links, nach rechts und nach hinten. Wenn Scotch an der Zungenspitze kribbelt und beißt, lässt sich annehmen, dass er in Bourbonfässern lagerte. Macht er sich mehr am hinteren Teil des Munds bemerkbar, waren Sherryfässer im Spiel. Wenn Sie jetzt denken, dieser komische MacDonald hat sie nicht alle, verlangt von uns Unmöglichkeiten, dann finden Sie bitte Ihr eigenes Maß an Zeit. Nur einige Sekunden sollten es eben mindestens sein. Sonst finden wir uns in der erwähnten Cowboy-Degustierung ein.«

»Können Sie etwas zu den Preisen sagen?«, fragte Meiklejohn.

»Sie meinen von Whisky?«

»Nein, Fässer. Für die Gründung meiner Destillerie ist das wichtig.«

»Gerne. Selbst für Bourbonfässer müssen Sie einen dreistelligen Betrag berappen.«

Der Amerikaner pfiff anerkennend. »Wow! Das ist eine ganze Menge. Dann nehme ich am besten Bourbonfässer.«

»Im Moment sollte Ihnen das durchaus noch möglich sein.«

»Soll heißen?«

»Mit den Beständen an amerikanischer Weißeiche ist es nicht mehr so gut bestellt wie ehedem. Doch das führt uns zu weit vom Thema weg.«

»Aber wie!«, tadelte Kimmekörnle. »Geschichte und Entstehung von Whisky, bitte.«

»Pardon, der Herr. Wollten Sie nicht noch etwas über Tasting Notes hören?«

»Nein, hab's mir anders überlegt«, sagte der Deutsche. »Das muss möglich sein.«

»Mrs Hamilton, wie steht es mit Ihnen?«

»Ich würde auch lieber etwas über den Ursprung von Whisky hören, um ehrlich zu sein.«

Unfassbar, seine treueste Fürsprecherin schlug sich auf Kimmekörnles Seite! »Ganz wie Sie wünschen, Ladies and Gentlemen. Wer also hat den Whisky erfunden? Waren Sie es, Herr Kimmekörnle?«

»Nein, wieso denn ich?«

»Rhetorische Frage.«

»Schon wieder? Muss einem ja gesagt werden.«

»Haben Sie den Whisky ursprünglich kreiert, Mrs Hamilton?«

Sie zog es vor zu schweigen.

»Dachte ich mir.« MacDonald zog eine Karteikarte aus dem Jackett, die er konzentriert studierte und mit einem Kopfschütteln wieder zurücksteckte. »Nein, ich war es auch nicht.«

»Bitte zum Punkt kommen«, warf Reginald ein.

War damit die Meuterei in der Whisky-Akademie komplett? Zwar hatten sie ausgemacht, dass sein Ex-Butler hin und wieder einen Einwand für das Kollektiv machte, damit niemand ihn der Spionage verdächtigte, aber es wäre auch freundlicher gegangen. »Mister Stewart, in unserer Zeit streiten zwei Nationen um die Premiere, Schottland und Irland. Fragen Sie mich, war es natürlich Schottland. Weil ich aus Edinburgh bin und wir es beweisen können, mit einer Schatzkammerrolle aus dem Jahr 1495 des Ortes Falkland im ehemaligen Kingdom of Fife. Der schottische König ließ am ersten Juni 1494 über seinen Zahlmeister etwa 140 Kilo Getreide an den Klosterbruder John Cor senden. James der Vierte bestellte auch das fertige Produkt, Acqua Vitae, auf Gälisch Uisge Beatha genannt. Als Gelehrter, der zehn Sprachen beherrscht haben soll und in der Medizin bewandert war, wird er den Whisky vielleicht zu Forschungszwecken bestellt haben. Andererseits war er als Connaisseur dem Scotch nicht abgeneigt.«

»Säufer also?«

»So drastisch würde ich es nicht formulieren, Mrs Milne.«

»Sie reden lieber verschwurbelt.«

»Danke, und Sie sind sehr charmant.«

»Ist doch so.«

»Kommen wir zu unseren keltischen Brüdern und Schwestern aus Irland. Stellen Sie sich bitte einen beliebigen Samstagabend in einem Dubliner Pub vor. Fragte dann jemand, ob die Iren ...«

»... und Irinnen«, ergänzte Mrs Gilchrist vor der Tür.

»... oder Irinnen den Whiskey erfunden haben, gingen alle Hände in die Luft.«

»Woher wollen Sie das wissen?«, erkundigte Fairbairn sich.

»Ich habe es ausprobiert.«

»Nur einmal?«

»Nein, mehrfach! An verschiedenen Abenden zu unterschiedlichen Stunden und Jahreszeiten. Genügt Ihnen das?«

Fairbairn winkte ab.

»Sie alle zu unterrichten, ist mir ein immenses Plaisir.«

Der Deutsche drehte den Arm wie ein Leierkasten-Mann.

»Mister Kimmekörnle, kann ich Ihnen helfen?!«

»Sie erzählen viele uninteressante Dinge.«

»I beg your pardon?! Ich habe nur Mister Fairbairns Frage beantwortet.«

»Zu ausschweifend. Tut mir leid. Ich bin eben ehrlich.«

»Im zwischenmenschlichen Umgang setze ich das voraus.«

Meiklejohn klatschte in die Hände. »Folks, kann es weitergehen?«

»Meinerseits gerne«, erwiderte MacDonald düpiert. »Um das zum Ende zu bringen, die Waliser und Cornishmen, meinethalben auch Cornishwomen beanspruchen den Titel ebenfalls für sich. Gehen wir also einen Schritt zurück. Zur Erfindung der Destillation.«

Joan Milne hob die flache Hand ans Ohr. »Höre ich da richtig?«

»Nähert sich Ihr Sohnemann?«

»Wer? Nein, warum springen Sie jetzt wieder zeitlich zurück? Wäre es nicht besser gewesen, das an den Anfang zu stellen?«

Angus blickte zu Boden, musste sich eingestehen, dass die Dame Recht hatte. Nur wie sollte sich bei dem Durcheinander ein Mensch konzentrieren können? Fragen beantwortete er gerne. Aber diese permanenten Molestierungen halfen niemandem. »Ich sehe es wie Sie, meine Dame.«

»Bin nicht Ihre Dame!«

»Mrs Milne, können wir uns darauf einigen, dass Sie immer wieder Recht haben? Deute ich Ihr Schweigen als ja? Wer hat zuerst destilliert? Auch dabei haben wir keine Gewissheit. Fand die erste Destillation im chinesischen Raum statt oder im arabischen? Italien und Frankreich waren in jedem Fall die ersten Länder in Europa. Von dort brachten Mönche das Wissen auf die Britischen Inseln.«

»Was sind die Britischen Inseln?«, wollte Kimmekörnle wissen.

»Großbritannien und Irland.« MacDonald setzte sich hin.

»Kann man Ihnen ein Glas Wasser bringen?«, fragte Wendy Hamilton.

»Danke, nein. Weitere Fragen bitte.«

Kimmekörnle blättert heftig im Seminarprogramm. »Moment mal. Sie bringen da etwas durcheinander.«

MacDonald kam sich vor wie ein Angeklagter vor der Verlesung seiner Vergehen.

»Wir haben den Kurs ›Diplom in Single Malt Whisky‹ gebucht. Sie aber erzählen aus dem Kurs ›Diplom in der Kunst der Whisky-Verkostung‹.«

»Zwei zum Preis von einem!«

»Eher wie Kraut und Rüben.«

»Fein, ein schmackhafter Eintopf also.«

»Was ist los?«

»Kale and Neeps mit Gewürzen und einigen anderen Zutaten ergeben ein schönes Veggie Stew, will ich meinen.«

Der Deutsche stand auf. »Wir haben gutes Geld berappt und Sie müssen sich an die Regeln halten. Jetzt geht es um ›Das Geschäft mit Whisky‹. So steht es im Lehrplan. Dann folgen die Rohstoffe, Batch-Destillation und Reifung.«

»Aha«, fiepte MacDonald.

»Man sollte niemals beim Autofahren trinken.
Die Gefahr etwas zu verschütten, ist viel zu groß.«

Unglückliche Kunden

»Ich hab's Ihnen gesagt.« Mrs Gilchrist lief zu Hochform auf. »Mehrfach. Doch der Herr wollte ja nicht hören.«

Hastie machte ihr ein Zeichen, sich nicht weiter zu engagieren. »Mister MacDonald hat das verstanden. Nicht wahr, Angus?«

Als Einziger saß er, wie ein Sünder das Gesicht mit beiden Händen bedeckend. »Du warst nicht dabei, Torquil, eine johlende und feixende Meute.«

»Na, na, wenn Sie da mal nicht übertreiben!«

»Grace, bitte«, intervenierte Torquil Hastie wieder. »Lassen Sie ihn berichten. Angus, du hast das Wort.«

»Mehr gibt es nicht zu sagen.«

»Sehen Sie!«

MacDonald nahm die Hände von den Wangen. »Für Ihre Sicht auf die Welt kann man Sie nur bewundern, werte Mrs Gilchrist.«

»Danke vielmals.«

»Man könnte denken, ihr seid verliebt ineinander.«

»Das geht entschieden zu weit, Mister Hastie.«

»Ganz meiner Ansicht«, pflichtete Angus bei.

»Haha, ihr seid toll miteinander, und diesen Weg solltet ihr weiter beschreiten.«

Die Chefsekretärin sah zu MacDonald: »Verstehen Sie, was er meint?«

»So in etwa, Mrs Gilchrist. Waren Sie früher als Krankenschwester tätig?«

»Welch absurde Frage. Nein!« Ihr Gesicht zeigte große Überraschung. Nicht die eines Menschen, der aufflog, sondern ehrliche Verwunderung.

Hastie war noch verwirrter. »Angus, wie kommst du darauf?«

»Mrs Gilchrist ist stets zur Stelle, wenn Not an der Frau ist.«

»Was sagst du da?«, fragte der Akademiedirektor.
»So wie eine Krankenschwester. Zudem hat sie es kürzlich selbst erwähnt.«
»Es könnte der Beginn einer wunderbaren Freundschaft zwischen euch werden«, sagte Hastie.
»Casablanca«, ergänzte Angus. »An eine Krankenschwester im Film kann ich mich gar nicht erinnern.«
»Würde einer der beiden Gentlemen erklären, bitte?«
»Natürlich, Grace. Ein Zitat, Schlussszene des berühmten Films mit Humphrey Bogart.«
»Jetzt bin ich so schlau wie zuvor.«
»Mögen Sie den Film nicht, Mrs Gilchrist?«
»Ich sehe mir keine erfundenen Geschichten an, nur die BBC-Nachrichten. Was machen wir mit den Seminarteilnehmerinnen, die ihr Geld zurückfordern?«
»Ist das so?«, fragte Hastie furchtsam.
»Die Herren Fairbairn, Kimmekörnle und Meiklejohn haben es mir beim Verlassen des Gebäudes gesagt, so auch Mrs Milne. Bleibt Reginald Stewart, Mister MacDonald. Stand er nicht kürzlich noch in Ihren Diensten?«
»Doch, aber …«
»Woher ich das weiß? Die Welt ist klein.«
»Reginald war für kurze Zeit in meinem Hause tätig. Nun weiß ich aber nicht, wie uns das hilft, da er ja keine Seminarkosten berappen muss, nur teilnehmender Beobachter ist und …«
»Bitte, was?«
»Er assistiert mir im Seminar.«
»Davon habe ich noch nichts gemerkt.«
»Dennoch ist Mister Stewart kein zahlender Teilnehmer.«
»Und Teilnehmerinnen.«
»Nun wird es mir zu albern. Alle, die im Raum sind, wissen, dass er keine Frau ist.«
»Legen Sie das fest?«
»Nein, die Biologie.«
»Nach neuesten Erkenntnissen haben wir aber 87 Geschlechter.«

»Beruhigt euch!«, mahnte der Akademiedirektor. »Was hat Mrs Hamilton gesagt, Grace?«

»Sie hat sich zu einer Erstattung noch nicht geäußert.«

»Wenigstens etwas.« Hastie durchwühlte eine Schreibtischschublade, was weder MacDonald noch Mrs Gilchrist gefiel.

»Kann man Ihnen helfen, Sir?«

Der Akademiedirektor antwortete nicht, suchte weiter. »Kleinen Moment noch. So, hier ist er.«

»Den Vertrag hätte ich Ihnen auch geben können.«

»Aber nicht mit meinen Anmerkungen und Unterstreichungen. Haben Sie unsere allgemeinen Geschäftsbedingungen gelesen, Grace?«

»Ich bin noch nicht dazu gekommen.«

»Du, Angus?«

»Mir fehlte auch die Zeit.« Hinzu kam, dass er nicht zum Management der Akademie gehörte.

»Paragraph drei, Absatz zwei: Wir haben es eindeutig mit einer Schuld der Seminarteilnehmer zu tun.«

»Soll heißen, Sir?«

»Da die Meute unser Seminar zum Platzen brachte, müssen wir keine Kosten erstatten.«

Angus bedauerte den Freund, weil er sich an einen Strohhalm klammerte.

»Hier steht es schwarz auf weiß.«

Selbst Mrs Gilchrist war unschlüssig. »Mister MacDonald hat sich doch nicht an den Lehrplan gehalten.«

»Jetzt geht das wieder los! Ich arbeite hier pro bono. In zweifacher Kapazität.«

»Wie man's nimmt.«

»Torquil, wenn ich nicht mehr gebraucht werde, fahre ich nach Hause.«

»Guter Einfall!«

»Grace, bitte.«

»Sie schlagen sich wieder auf seine Seite? Wissen Sie was, dann gehe ich stattdessen!« Mit lautem Türknall setzte sie ihr Vorhaben in die Tat um.

Muss Karen wieder anrufen, dachte MacDonald.

»Angus, könnte ich noch kurz mit dir sprechen?«

Zeit zu antworten, blieb dem Gourmet nicht, denn die Chefsekretärin stand schon wieder im Zimmer und drückte ihm ein Faltblatt in die Hand: »Joan Milnes Whisky-Kabarett! Heute Abend. Frau hat mir verraten, dass es ein gelungener Auftritt werden wird. Sie sollen auch darin vorkommen, Donald. Als sogenannter Seminarleiter.«

»Du denkst also, dass ich zum Kabarett-Abend gehen soll, Alberto?«

Vitiello hatte Tee für Angus und einen Cappuccino für sich bereitet. Sie saßen in seinem Wohnzimmer. »Sicher. Was hast du denn zu verlieren?«

»Nichts, außer lächerlich gemacht zu werden.«

»Es gibt Schlimmeres.«

»Zum Beispiel?«

»Im Freien die Hosen verlieren.«

»Ist dir das schon einmal widerfahren?«

»No, aber man kann sich's gut vorstellen, oder?«

»Haha, ja.«

»Wenigstens habe ich dich zum Lachen gebracht. Soll ich dich begleiten?«

Lieber nicht, dachte MacDonald. Ohne anwesende Freunde schämte man sich besser. »Gewöhnlich verschmähst du doch Whisky?«

»Es geht um unseren Fall und du spielst im Stück mit. Wo müssen wir hin?«

Angus reichte seinem Freund das Blatt mit der Ankündigung. »Hier, schau bitte selbst.«

Vitiello las laut vor: »In meinem schönen Garten. Ist das schon ein Witz?«

»Nach meiner Einschätzung hat sie das Programm sehr kurzfristig angesetzt und keinen Raum mehr gefunden.«

»Oder sie ist so unbegabt, dass niemand mit ihr zu tun haben will.«

»Trotz intensiver Recherche habe ich nichts über ihre Tätigkeit herausfinden können.«

»Internet?«

»Nein, Alberto, in deinem geliebten virtuellen Raum war nichts auszumachen. Zudem habe ich sämtliche Comedy-Klubs kontaktiert. Keiner kennt Joan Milne. Torquil hat mich übrigens gebeten, ihm weiter zu helfen.«

»Wegen der Störaktionen?«

»Ja, und weil er den Seminarteilnehmern nichts erstatten möchte.«

»Ist das denn möglich?«

»Er argumentiert mit höherer Gewalt.«

»Die Seminarlinge haben aber gutes Geld bezahlt.«

»Ich sehe es wie du. Dennoch werde ich an den Gesprächen teilnehmen.«

»Angus, erinnerst du dich noch an meine Recherche zu dieser Mrs Gilchrist?«

»Wie hätte ich das in der kurzen Zeitspanne vergessen können?«

»Sie war, äh, keine Krankenschwester.«

»Ist das ein weiterer Spaß von dir?«

»No, hab mich vertan.«

»Hattest du nicht die Krankenhäuser abgeklappert?«

»Si, aber es gibt noch eine andere Grace Gilchrist.«

»In Ädinburk?«

»Prego?«

»Edinburgh. Ich probe für mein eigenes Whisky-Kabarett.«

»Das kannst du noch besser machen.«

»Thank you. Wie hast du das über die Gilchrist herausgefunden?«

»Durch Nachdenken. So wie du mir diese Sekretärin weiter beschrieben hast, konnte ich sie mir immer schwerer als Krankenschwester vorstellen. Deshalb habe ich ein Foto von ihr gemacht und es im Hospital vorgezeigt. Eindeutig zwei verschiedene Grace Gilchrists.« Dass eine Freundin Marias, ebenfalls Krankenschwester, die echte Kollegin kannte, behielt er lieber für sich.

»Menschen verändern sich.«

»Sisi, aber die richtige Krankenschwester hat eine große, dicke Warze auf der Nase.«

»Vielleicht wurde sie operativ entfernt.«

»No, ist nicht möglich, hat eine Kollegin erzählt.«

Alberto stand wie verabredet um 19 Uhr vor MacDonalds Haus. Pünktlichkeit bedeutete dem ehemaligen Jesuitenzögling sehr viel. Wenn er zu früh dran war, wartete er vor der Tür. Angus zog ihn manchmal damit auf, obwohl er genauso war! »Hallo Alberto. Wieder auf die Minute.«

»Sisi, bin zu alt, um mich noch zu ändern.«

»Muss ja auch nicht sein.«

»Bist du nervös?«

»Nein, mein Freund.«

»Durch den Kakao gezogen zu werden, macht dir nichts aus?«

»Noch wissen wir nicht, was dargeboten wird.«

Vitiello schleuste seinen Volvo umsichtig durch den abendlichen Verkehr. Nach Jahrzehnten in Edinburgh kannte er jede Abkürzung und auch die Straßen, welche besser zu meiden waren. So trafen sie mehr als eine halbe Stunde vor Veranstaltungsbeginn am Ziel ein. Alberto griff mit einem verschwörerischen Blinzeln hinter den Sitz und sein Arm kehrte mit einer schicken, blauen Thermoskanne und zwei Bechern zurück.

»Alessi?«, fragte Angus.

»Si, Danila hat mir das Set zum Geburtstag geschenkt.«

»Was trinken wir denn?«

»Schwarzen Kaffee, sehr stark.«

»Um diese Uhrzeit?«

»Haha, es ist grüner Jasmin.«

»Seit wann trinkst du grünen Tee?«

»Ein guter Freund hat mir davon vorgeschwärmt. Siehst so aus, als ob du ihn vertragen könntest.« Vitiello reichte ihm einen Becher. »Schau mal, die ersten Besucher treffen ein.«

»Kimmekörnle und Meiklejohn. Wie es scheint unzertrennlich. Ist das bei euch im Guest-House auch so?«

»No! Besuche zwischen den Zimmern sind strikt untersagt. Das führt zu Chaos, und wenn etwas zu Bruch geht, will es anschließend niemand gewesen sein. Hatten wir alles schon. Die Menschheit stellt es sich viel zu einfach vor, ein Guest-House zu führen, doch wir wissen …«

»Da ist Mrs Gilchrist. Bemerkenswert!«

»Vielleicht ist sie Kabarett-Fan.«

»Trotzdem, als Sekretärin dürfte sie die Veranstaltung nicht gutheißen.«

»Könnte ja sein, dass sie zum Buhen gekommen ist.«

»Theoretisch möglich. Da ist Wendy Hamilton.«

»Du nennst sie beim Vornamen?«

»Nein, aber sie heißt doch Wendy.«

»Deiner Frau Doktor geht es gut?«

»Alberto!«

»Du bist heute Abend sehr empfindsam.«

»Entschuldige bitte. Es ist nur so, dass ich schon so oft versucht habe, Karen zu erreichen.«

»Soll ich's mal probieren?«

»Zu liebenswürdig von dir. Aber das muss ich schon selbst tun.«

»D'accordo, stimme dir zu. Wer fehlt jetzt noch?«

»Joseph Fairbairn und Butler Reginald. Da ist auch der Star des Abends, wie eine königliche Hoheit sehr spät.«

»Obwohl sie hier wohnt? Wer hat sich denn um die Vorbereitungen gekümmert?«

»Alberto Vitiello, fortwährend ans Praktische denkend.«

»Besser, als sich geistig in den Wolken zu bewegen.«

»Die Schule des Lebens und alles, was sie uns lehrt, ja?«

»Essato! Sag mal, ist das ein Tweed-Jackett?«

»Mit Sicherheit lässt sich sagen, dass es drei Nummern zu groß ist und nicht aus Schafswolle besteht. Das soll wohl zur Erheiterung der Gäste beitragen, denn Oxfam hätte bestimmt auch ein passendes für sie gefunden.«

»Polyacryl hat noch nie gut ausgesehen. Meinst du, dein Freund Hastie kommt auch?«

»Es wäre für ihn noch unklüger als für seine glorreiche Chefsekretärin.«

»Vielleicht will er sich bei den Akademiebesuchern einschmeicheln.«

»Die Möglichkeiten des Universums sind unerschöpflich. Konzentrieren wir uns auf den Fall?«

»Yes, Sir!«

»Folge mir bitte, Alberto.«

»Hast du Eintrittskarten bekommen?«

»Von wem, wenn ich fragen darf?«

»Diese Mrs Milner?«

»Milne heißt die Dame, und Geschenke kann ich als Persona non grata nicht erwarten.«

»Andiamo!«

»Meine Rede.« Angus rückte sein Jackett zurecht und überquerte die Straße. Noch vor der anderen Seite hatte Alberto ihn überholt. »Müssen wir einen Sprint hinlegen?«

Der Italiener hielt ihm seine Armbanduhr unter die Nase. »Es geht gleich los.«

»Gegen diese Geste habe ich eine regelrechte Aversion entwickelt.«

»Kimmedings?«

»Er muss mit seiner Uhr auf die Welt gekommen sein.«

»Keine schöne Vorstellung für eine schwangere Frau.«

»Hörst du das?«

»Eine Fanfare. Selbstbewusstsein hat die Frau.«

»Aufregend beginnt der Abend.« Sein Freund hatte richtig gelegen mit seiner Vermutung, mittlerweile war MacDonald tatsächlich etwas mulmig. Beim Hauseingang sahen sie die erste Markierung. Sie zeigte nach links.

Vitiello übernahm wieder die Führung. An der Seitenwand war ein weiterer Pfeil angebracht. »Hört sich an, als ob es hinter dem Haus ist. Kannst du nicht einen Zahn zulegen?«

Der Gourmet, unwillig, alleine zu erscheinen, tat, wie ihm geheißen. Die wenigen Meter zur letzten Stuhlreihe brachten ihn enorm ins Schwitzen.

Vitiello winkte ihm hektisch. »Kommst du heute noch?«

»Hast du schon bezahlt?«

»Der Eintritt ist frei. Den Hinweis an der Hauswand hast du bei deinem Spurt übersehen.«

MacDonald sah zur improvisierten Bühne, auf der sich der unfreundliche Bodybuilder-Nachbar mit Joan Milne unterhielt. Sie winkte. »Die Kabarettistin hat dich gerade begrüßt«, sagte Alberto.

»Es blieb mir nicht unbemerkt.« Als Angus wieder nach oben sah, stand sie nicht mehr auf der Bühne. »Gott sei Dank«, murmelte er.

»Prego?«

»Nichts, Alberto!«

»Kennst du hier jemanden?«

MacDonald sah sich um. Die zehn Reihen mit je zehn Stühlen waren nur spärlich besetzt. »Nur die Seminaristen.«

»Von den anderen niemanden?«

»Mit dem Gorilla auf der Bühne hatte ich bei meinem letzten Besuch das zweifelhafte Plaisir. Ich glaube, einen der anderen Teilnehmer kenne ich doch, kann ihn aber momentan nicht einordnen.«

»Porca miseria! War das ein richtiges Schwein, das gerade an uns vorbeispazierte?«

»Dieter-Theodor.«

»Prego?«

»So heißt das Tier.«

Mrs Milnes Nachbar schlich so schnell er konnte, mehr seitwärts als geradeaus, seinem Hausschwein nach. Es war mitsamt Leine ausgebüxt und zog sie hinter sich her. Heute trug der Herr einen Seidenglanz-Jogginganzug, der ihn wie aufgeblasen wirken ließ.

»Sisi, an das Schwein erinnere ich mich. Aber glauben konnte ich es nicht.«

»Für mich ist eher rätselhaft, warum er teilnimmt. Er mag die Milne nicht.«

»Was ist denn mit seinem Rücken?«

»Ich tippe auf Osteoporose.«

Inzwischen hatte der Nachbar sein Haustier an die Leine gelegt und vorne Platz genommen. Herr Kimmekörnle klatschte.

»Hören Sie doch mit Ihrem blöden Beifall auf. Wir gehören nicht zur Show.«

»Entschuldigen Sie bitte. Das muss einem aber auch gesagt werden.«

»Sehe ich aus wie im Whisky-Kabarett?«

»Ja, das tun Sie. Bin halt ehrlich.«

»Halten Sie den Mund! Grobian!«

Kimmekörnle salutierte und blickte wieder zur Bühne.

»Wenn es nicht erklärt worden wäre, hätte niemand Bescheid gewusst«, sagte Alberto lachend. »Haha, ein Schwein an der Leine!«

MacDonald stupste ihn mit dem Ellbogen in die Seite. »Es scheint loszugehen.«

»Finalmente! Sie sind fünf Minuten zu spät dran.«

»Mister Kimmekörnle monierte das komischerweise noch nicht.«

»Heute Morgen hat er wieder ein Full English Breakfast bestellt.«

»Alberto, wir müssen den Tatsachen ins Auge sehen. Das wird er nicht mehr lernen.«

»Kann nur hoffen, dass er bei seinem nächsten Aufenthalt ein anderes Guest-House beehrt.« Abermals ertönten Fanfaren. »Ist das eine Bandaufnahme? Jedenfalls kann ich nirgends Instrumente sehen.«

»Sehr wahrscheinlich ein Laptop, der an die Bühnenlautsprecher angeschlossen ist.«

Der Bodybuilder kehrte auf die Bühne zurück, ein Funkmikro in der Hand. »Damen und Herren, erleben Sie Joan Milnes Whisky-Kabarett, einzigartig auf der Welt.«

»Das wird ein frostiger Abend. Gut, dass ich ein echtes Harris-Tweed-Jackett trage«, bemerkte MacDonald.

»Si, und Longjohns für alle Fälle.«

Nach der Ansage erschien Mrs Milne.

»Hat sie sich ein Kissen unters Jackett gestopft, Angus?«

»Wie plump. Eher für den Zirkus geeignet.«

Kimmekörnle drehte sich um: »Seien Sie ruhig! Die Show hat begonnen.«

Angus nickte und winkte seinem Seminaristen zu. Joan Milne schritt schwerfällig über die Bühne, einmal über die gesamte Breite, wieder zurück und hielt in der Mitte an. »Verehrte Anwesende, wie überaus reizend, dass Sie mich mit Ihrer Präsenz beehren.«

Vitiello zitterte vor Lachen. »Haha, das bist du, Angus.«

»Wie sollte die Darbietung etwas mit mir zu tun haben?«

»Meine heutige Vorstellung ist eine Premiere.«

»Siehst du! Deine Worte. Nimm's sportlich, Amico.«

»Wer macht uns die Freude, die Vorstellungsrunde zu eröffnen? Unser werter Mister MacDonald der Erste?«

MacDonald band sich die Schuhe. Es war nicht das eleganteste Untertauchen, funktionierte aber.

Joan Milne sah sich um. »Oder sein Begleiter, der reizende Signor Vitiello?«

Alberto setzte sich aufrechter hin, war glücklich, in einer Show angesprochen zu werden, bis ihm dämmerte, dass er die Frau noch nie gesehen hatte. »Woher kennt die mich denn, bitte?«

»Eventuell hat es einer der Gäste erzählt.«

»Auch nicht?«, fragte die Kabarettistin. »Na schön, vielleicht erweist uns eine oder einer der geschätzten Seminaristinnen oder Seminaristen die Ehre? Irgendjemand? Haben Sie keine falsche Scheu. Nennen Sie uns gerne den Grund für Ihre Teilnahme.«

»Zum Totlachen«, rief Meiklejohn, »genau so redet er!«

Kimmekörnle, der Wendelin, stand auf und schnipste laut mit den Fingern. »Ich, bitte mich nehmen.«

»Verraten Sie uns Ihren werten Namen, Gnädigster?« Sie streckte ihm das Mikrofon entgegen.

»Kimmekörnle schimpfe ich mich.«

»Was ist mit dem Wendelin?«

»Yäs. So lautet mein Vorname.«

»Was verschafft uns Ihre werte Teilnahme?«

»Komme aus Stuttgart. Das ist in Württemberg in Baden-Württemberg, Süddeutschland. Will mich in Sachen Whisky weiterbilden.«

»Soso. Wie gehen Sie dabei vor, wenn frau fragen darf?

»Se Academy.«

»Bitte, was?« Mrs Milne hielt eine Hand ans Ohr.

»Hier in Ädinburk.«

»Sie beziehen sich auf die Whisky Academy in Edinburgh?«

»Angus Dünnson MacDonald leitet unser Seminar.«

»Leitet? Im geschätzten Präsens?«

»Nein, Sie haben völlig Recht. Wir gehen ja nicht mehr hin.«

MacDonald hustete.

»Ob sich da jemand einen grippalen Infekt zuzog? Vielen Dank an Mister Kimmekörnle und …«

»Der Wendelin.«

»Kimmekörnle, der Wendelin. Danke vielmals. Will uns noch jemand die Freude eines Beitrages machen?«

MacDonald duckte sich wieder weg. »Nein, das höre ich mir nicht bis zum Ende an, Alberto!«

»Ein bisschen möchte ich noch bleiben.«

»Natürlich, du machst, was dir gefällt. Sie schaut schon wieder zu uns.«

»Bindest du dir zum dritten Mal den Schuh?«

»Unsere Gentlemen in der letzten Reihe …?«

Jetzt tauchte Alberto ebenfalls unter.

»Aber über mich machst du Witze!«, flüsterte Angus.

Joan Milne sprach noch lauter: »Nein? Sind die sogenannten Herren der Schöpfung heute ausnahmsweise mal schüchtern? Fürwahr, das erleben wir selten genug.«

»Hört, hört«, rief Mrs Gilchrist.

»Darf ich davon ausgehen, dass sich noch jemand äußern möchte? Die Dame?« Auch Mrs Gilchrist hielt sie das Mikro entgegen.

»Guten Abend zusammen. Grace Gilchrist ist mein Name. Von Beruf bin ich Chefsekretärin.«

»Wie spannend das zu werden scheint. Entzückend. Was machen Sie da so beruflich?«

»Meint sie das Ernst?«, fragte Alberto leise.

MacDonald zuckte mit den Schultern. »Frag nicht mich.«

Halb mahnend, halb belustigt sah die Kabarettistin wieder zu ihnen.

»Ich arbeite in einer Akademie«, sagte Mrs Gilchrist.

»Unbedarft ist diese Frau«, meinte MacDonald.

»Akademie wofür?«, erkundigte Milne sich.

»Es geht um Whisky.«

»Doch nicht etwa die neue Whisky Academy?«

Grace Gilchrist lachte seltsam. »Eben diese.«

»Uiiiiii! Aufregend. Uiiiiiiiii!«

»Das ist doch kein Kabarett!«, sagte Angus. »Nicht mal Zirkus, denn ihr fehlen Clownskleidung und Tröte.«

»Warum deine Seminaristen bloß hier aufkreuzten?«, fragte Vitiello.

»Da große Unzufriedenheit mit der Academy herrscht, weidet man sich an Torquil und mir.«

»Schadenfreude also?«

»Könnte so sein.«

»Unser heutiger Abend befasst sich mit dem Thema Whisky. Lassen Sie uns zunächst ein Tasting vornehmen.«

»Das hast du doch auch gemacht, Angus.«

Mrs Milne schenkte bernsteinfarbene Flüssigkeit in ein Nosing-Gläschen. »Führen wir die Nase in Richtung Glas. Doch nicht zu nahe. Bloß nicht zu nahe!«

Meiklejohn gröhlte.

»Angus, in der zweiten Reihe macht sich ein Mann Notizen.«

Ein Vater möchte seinem Sohn das
Laster Alkohol veranschaulichen.
Er legt je einen Wurm in ein Wasserglas
und ein Whiskyglas.
Der Wurm im Wasser überlebt, aber der andere
rollt sich zusammen und stirbt.
»Sohn, was lernen wir daraus?«
»Wer Alkohol trinkt, bekommt keine Würmer.«

Tee ist nie verkehrt

Einer der Gründe für MacDonalds Berufswahl war gewesen, dass er nicht in aller Herrgottsfrühe aufstehen wollte. Natürlich galt seine Sympathie Bäckern, überhaupt Vertretern der kulinarischen Zunft und sämtlichen Frühaufstehern der Welt. Aber er, Autor und Redakteur, wollte sich seinen Terminplan selbst gestalten. Notgedrungen hatte er sich den Wecker gestellt und trottete nun im Bademantel nach unten, um den »Scotsman« aus dem Briefkasten zu fischen. Mit herkulischer Selbstbeherrschung schaffte er es, vor der Lektüre noch Tee zu kochen. Kein Grund zur Unruhe, Angus. Nichts, was du nicht schon erlebt hättest. Selten hatte er sich so getäuscht! Der Artikel nahm gut zwei Drittel einer Seite ein, ungewöhnlicher Umfang für die Premiere von Kabarett. Die Headline lautete: »A Star is Born. Joan Milne, Newcomerin und Shooting Star.« Der Kollege musste betrunken gewesen sein, am betreffenden Abend und selbst noch beim Verfassen des Artikels! »Die junge Frau aus Edinburgh hat aus dem Nichts ein neues Genre kreiert, Whisky-Kabarett.« Es war schlimm, nicht zu wissen, was Kabarett war. Aber man konnte doch ein Lexikon konsultieren. Nein, unmöglich, seitdem selbst die ehrwürdige Encyclopedia Britannica wegen sogenannter elektronischer Lexika selbst ernannter Experten ihre Pforten geschlossen hatte. Es gab bereits eine ganze Generation, die nicht mehr wusste, was ein gedrucktes Lexikon war, und sich im Angesicht eines solchen vor Lachen sehr wahrscheinlich ausschütten würde. Armes Abendland! MacDonald las weiter. »Den Rahmen des köstlichen Kabaretts lieferte ein fiktives Whisky Tasting in einer nicht näher benannten Akademie. Wer sich ein bisschen in der Szene auskennt oder auch Mister Google benutzt, bekommt leicht heraus, um welche Schule es sich handelt. Auch der Referent, den Joan Milne in genialer Weise mimte, lässt sich erkennen. Dieser ist Whisky-Experte und auch im Bereich Essen und Trinken unterwegs, vielen durch seine Kochshow in der BBC bekannt. Die geborene Kabarettistin scheute selbst mit ihrer Garderobe keine Mühen, um dem Original nahe zu kommen.« Unfassbar! Ein Jackett, das diese Bezeichnung nicht verdiente, mit seinen Unikaten zu vergleichen! Ja, und was war mit dem Kissen, das sie sich auf den Bauch geschnallt hatte? Darüber konnte doch kein Mensch lachen! Den Namen unter dem Artikel kannte er nicht. Man durfte auf einen jungen, freien Mitarbeiter, Kumpan von Mrs Milne, tippen. Den Redakteuren der Zeitung machte MacDonald keinen Vorwurf, da sie sich auf die Gewissenhaftigkeit ihrer Mitarbeiter vor Ort verlassen mussten.

Beim Betreten der Akademie blieb Angus einen Moment stehen und zählte, eins, zwei, drei …«

»Wird aber auch Zeit!«

»Freut mich ebenfalls, Sie zu sehen, Mrs Gilchrist. Schönes Wetter haben wir heute.«

Ihr Frisurkonstrukt vibrierte vorwurfsvoll. »Es regnet!«

»Nur ein bisschen und auf meinem Weg hierher habe ich bemerkt, dass sich die Sonne zeigen wollte.«

»Von mir aus. Wir haben Wichtigeres zu besprechen.«

».Sagte der Haarschopf.«

»Ich habe mich hoffentlich verhört?«

»Pardon, das ist mir herausgerutscht.«

Mrs Gilchrist musterte MacDonald von oben bis unten. »Tragen Sie immer nur Tweedjacketts?«

»Harris Tweed, davon sprechen wir, passt zu allen Lebenslagen, Madame.«

»Sie müssen es ja wissen.«

Dieses Mal konnte er zumindest sehen, wie sie verschwand. Er klopfte an Hasties Tür und erntete ein klägliches »Herein«. Der Akademiedirektor saß eingesunken am Schreibtisch, der unter einem Wust von Papieren kaum noch zu sehen war. Hose, Hemd und Jackett waren zerknittert.

»Muss ich mir Sorgen machen, Torquil?«

»Aber nein. Wieso denn?«

»Hast du hier übernachtet?«

»Sieht man das etwa?«

»Leider ja.«

»Bei mir Hause ist die Stimmung nicht allzu gut.«

»Es kommt in den besten Familien vor. Wann haben wir das erste Gespräch?«

Hastie sah auf seine antike Wanduhr. »In einer Viertelstunde.«

»Wer ist es?«

»Joseph Fairbairn.«

»Whisky-Joe.«

»Ihr kennt euch näher?«, fragte Hastie argwöhnisch.

»Seinen Spitznamen hat er mir selbst mitgeteilt.«

»Bist du Whisky-Angus?«

»Nein, so will ich nicht genannt werden!«

Hastie grinste sardonisch. »Whisky-Angie?«

»Jaja, schon gut.«

»Mister Fairbairn sollte pflegeleicht sein.«

»Darf ich fragen, wie du darauf kommst?«

»Er wirkt wie ein Mensch, der in sich ruht.«

»Hast du vergessen, dass sein Vater einen Unfall hatte? In der Zeit, als du Manager von Glenkinchie warst.«

»Fängst du jetzt wieder mit der ollen Kamelle an, Angus?«

»Für die Fairbairns stellt es sich bestimmt anders dar.«

»Das ist irgendwie immer so.«

Welch bemerkenswerter Gedanke. War Hastie schon früher so herzlos gewesen? Nicht soweit MacDonald sich erinnerte. Der immense Stress in der Akademie wie zu Hause trug sicher seinen Teil bei, dennoch … »Setzt du mir deinen Plan bitte noch einmal auseinander, Torquil?«

»Bin gar nicht sicher, ob ich einen habe.«

»Über die genaue Bezeichnung müssen wir uns kaum streiten, oder?«

»Nein, natürlich nicht. Hast du meine Geschäftsbedingungen nun gelesen?«

»Jawohl, mir ist aber immer noch nicht einsichtig, wie du das Geld der Seminaristen einbehalten könntest.«

»Höhere Gewalt. So steht's doch im Vertrag.«

»Hast du das mit einem Anwalt besprochen?«

»Nein, aber Mrs Gilchrist kennt jemanden, der ....«

»Sie haben gerufen, Mister Hastie? Wird Tee gewünscht?«

»Ja. Danke, Grace.«

Warum war Torquil so erstaunt, sie zu sehen? Es war nicht das erste Mal, dass sie sich auf diese Art zeigte. »Da Sie gerade hier sind, Mrs Gilchrist. Mister Hastie sagte mir, dass Sie die Geschäftsbedingungen überprüfen ließen?«

»Durchaus, mein Herr.«

»Verraten Sie mir auch, wer das tat?«

»Ein Anwalt natürlich. Das gingen wir bereits vor der Öffnung der Akademie an.«

»Grace sagt die Wahrheit!«

»Immer mit der Ruhe, Torquil. Ich klage nicht an, sondern stelle Fragen.«

»Kann schon sein«, antwortete Mrs Gilchrist, »doch manchmal haben Sie einen äußerst unangenehmen Ton an sich.«

Das sagte die Richtige!

»Werde ich noch gebraucht, Sir?«

»Nein, danke, Grace, wir kommen zurecht.« Hastie wartete, bis sie die Tür von außen geschlossen hatte. »Genügt dir das, Angus?«

Tat es nicht, aber die beiden waren von sich und ihrer Überprüfung sehr angetan. Widerspruch also zwecklos. »Wollen wir hoffen, dass die Seminaristen es ebenso betrachten, Torquil.«

»Falls nicht, biete ich einen Gutschein an.«

»Wofür denn?«

»Neues Seminar natürlich!«

Hasties Verhalten wurde mehr als erratisch. Ob er selbst hinter den Störaktionen steckte? Der Gedanke schien abwegig. Es sei denn, er dachte, dass Mister MacDonald seiner Referententätigkeit nicht gewachsen war. Vor dem Hintergrund seines Geldmangels käme Torquil dann zupass, nichts zurückzahlen zu müssen. Aber woher hätte er wissen sollen, dass die Seminaristen das Handtuch warfen? Seinem Ruf und der Akademie schadete es auch.

»Vergessen wir es, einverstanden? Wenn du von einem neuen Seminar sprichst, meinst du andere Inhalte?«

»Du musst nicht mehr antreten.«

»In Ordnung. Du bist sicher, dass du mich bei den Gesprächen dabeihaben willst?«

»Angus, ohne dich geht es nicht.«

»Sind Sie da drin, Mrs Hamilton?« Alberto klopfte seit mehreren Minuten in Intervallen gegen die Tür seines Gastes und erst als Maria erschien, zügelte er sich.

»Bist du von allen guten Geistern verlassen?«

»Maria, ich habe dich gar nicht kommen hören.«

»Dafür ist dein Gepolter noch im nächsten Viertel zu hören. Was soll denn das?«

»Lass uns nach unten gehen.« Erst am Ende der Treppe sprach er weiter. »Ich habe nicht gegen die Vorschriften verstoßen. Bevor ich das Zimmer eines Gastes betrete, klopfe ich an. So gehört sich das.«

»Mrs Hamiltons Raum habe ich bereits sauber gemacht. Wir haben dort drinnen also nichts mehr verloren.«

»Tesoro, wann wirst du es endlich lernen?«

»Komm mir nicht mit Tesoro. Die nette Dame hat das Haus verlassen. Es gibt keinen Grund, gegen ihre Tür zu donnern.«

»So, und woher wissen wir das?«

»Das Schildchen auf unser Anzeigetafel hier sagt es UNS.«

Alberto wollte ihr den Arm um die Schultern legen, was Maria nicht zuließ. »Natürlich habe ich das auch gesehen. Trotzdem ist die Dame in ihrem Zimmer.«

»Wieso hämmerst du dann gegen die Tür?«

»Um ein Exempel zu statuieren.«

»Manchmal frage ich mich, wen ich geheiratet habe.«

»Wir müssen kein Drama daraus machen, Maria.«

»Sagte der griechische Tragiker!«

»Zu deiner Information: Aus Hamiltons Zimmer dringen verdächtige Geräusche.«

»Wie zum Beispiel?«

»Verschiedene Dinge.«

»Hast du nichts Besseres zu tun?«

»Nein, denn ich stecke mitten in einer Ermittlung.«

»Schön, Herr Detektiv, aber unser Geschäftsbetrieb sollte nicht darunter leiden.«

»Als ob ich das nicht wüsste! Darf ich jetzt weiterarbeiten, Frau Kollegin?«

»Tu, was du nicht lassen kannst!«

Alberto wusste, dass er zu weit gegangen war. Maria würde ein bisschen Zeit brauchen, bis sie wieder mit ihm sprach. Sinnlos, sie gleich um Verzeihung zu bitten. Am nächsten Tag, mit einem Blumenstrauß und Pralinen sah die Welt wieder gut aus. Er hatte ihr nicht gesagt, dass sich zwei Frauen im Zimmer befanden, Mrs Hamilton und eine Besucherin. Das verstieß sehr wohl gegen die Guest-House-Vorschriften! Auch dem hätte Maria natürlich etwas entgegengesetzt. Immerhin wussten die beiden Damen nun, dass er im Bilde war. Er würde sich auf die Lauer legen und warten. Früher oder später mussten sie ja herauskommen.

»Mir ist nicht klar, wie ich Ihnen helfen kann«, sagte Joseph Fairbairn.

»Wir haben Sie heute hierher gebeten, um mit Ihnen …«

»Sie reden wie ein Pfarrer, Hastie. Wollen Sie mich heiraten?«

»Der Akademiedirektor möchte sagen, dass es uns leid tut.«

»Davon kann ich mir nichts kaufen.«

Hastie lehnte sich zurück. »Mister Fairbairn, wir alle schätzen Sie.«

»Wer ist alle?«, brummte Fairbairn.

»Mister MacDonald und ich!«

Angus schaute zu Whisky-Joe: »Auch sind wir reuig.«

»Selbsterkenntnis ist ein guter Weg zur Besserung.«

MacDonald merkte, dass sein Freund gleich die Fassung verlieren würde. »So sehen wir es auch, Mister Fairbairn.«

»Whisky-Joe.«

»Bitte?«

»Mein Name lautet Whisky-Joe.«

»Ist das nicht Ihr Spitzname?«

Fairbairn antwortete nicht.

»Sie möchten, dass wir Sie als Whisky-Joe adressieren?«

»Ja, adressieren Sie.«

Zwar verhielt sich der Herr bereits vorher nicht eben konventionell, aber das nun erreichte eine neue Dimension, dachte Angus. Was machte man nicht alles, um einen Fall aufzuklären.

»Okay?«, fragte Fairbairn.

»Natürlich, das können wir einrichten.« Hastie ging zum Schrank und kam mit einer Flasche Ardnamurchan nebst drei Gläsern zurück. »Eine kleine Stärkung wird uns guttun.«

MacDonald sah zur Standuhr. »Ist das nicht ein bisschen früh?«

»Finde ich gar nicht«, meinte Fairbairn beglückt.

»Siehst du, Angus. Unser Whisky-Joe ist einverstanden.«

»Whisky-Joe genügt. Ich bin nicht bei Ihnen angestellt.«

»Das fehlte noch!«, sagte Hastie.

»Was ist los?«

»Gar nichts.« Hastie goss einen doppelten Dram in jedes Gläschen und reichte sie weiter.

»Mister Hastie will Ihnen etwas vorschlagen, Whisky-Joe. Er offeriert Gutscheine für ein neues Seminar.«

»Sie sind einverstanden … Whisky-Joe?«, wollte Hastie wissen.

»Doch nicht wieder mit Ihnen?«

MacDonald lachte. »Das kann ich verneinen.«

»Sehr gut. Thema?«

»Der Gutschein ist neutral. Sie können ihn für jedes weitere Seminar verwenden.«

»Wann gibt es das nächste mit einem anderen Referenten?«

»Zum jetzigen Zeitpunkt ist noch nichts terminiert, Whisky-Joe«, gab Hastie Auskunft.

»Ihr habt wohl nicht alle Tassen im Schrank!«

»Aber Whisky-Joe, so können Sie doch nicht mit uns reden.«

»Kann ich doch, Akademie-Torqui.«

»Mein Name ist Torquil, nicht Torqui, und auch das nur für meine Freunde!«

MacDonald befürchtete, gleich einen Krankenwagen rufen zu müssen, weil es zu einer heftigen Keilerei käme.

»Wollen wir diesen Pfad weiter beschreiten, Torquil?«

»Kannst du bitte so reden, dass ich es verstehe?«

»Gerne, ich halte es nicht für zweckmäßig, unsere Seminaristen anzugreifen.«

»Wer hat das getan?!«

»Hm.« Viel mehr ließ sich kaum dazu sagen.

»Whisky?«, fragte Hastie in freundlichem Ton.

»Schon wieder?« MacDonald war ernstlich entsetzt.

»Bist du zum Abstinenzler geworden, mein Freund?

»Nein, mir ist es nur zu früh, um noch mehr Alkohol zu konsumieren.«

»Deine Sache. Dann trinke ich eben alleine.«

MacDonald versuchte, nicht auf das Glas zu starren. Zwar trank der Direktor in seiner Akademie nicht an einem unpassenden Ort, aber an der Tageszeit änderte das nichts. »Wer kommt jetzt?«

»Warum flüstert du denn, Angus?«

Um nicht wieder die Chefsekretärin in den Raum stürmen zu sehen! »Nächster Seminarist?«

»Das ist der deutsche Teilnehmer«, sagte Mrs Gilchrist von draußen. »Bin zufällig vorbeigegangen«, ergänzte sie, so als ob das Gedankenlesen nun auch noch zu ihrem Repertoire gehörte.

»Danke sehr, Grace«, rief Hastie. »Sie meint Mister Kimmekörnle.«

»Der Wendelin. Ich weiß.«

»Mit ihm wird es schwierig werden.«

»Weiß Gott, ja. Ein Mann, der seine Prinzipien ehern verteidigt.«

Hastie sah aus dem Fenster, irgendeinen imaginären Ort fixierend.

»Cheers«, sagte MacDonald, dem nichts Passenderes einfiel.

Hastie trank einen Schluck Whisky. »Du bist sicher, dass du nichts trinken möchtest?«

»Absolut, ja.«

Bevor Hastie die Sekretärin rufen konnte, öffnete sie die Tür. »Mister Kimmekorn ist eingetroffen, Sir.«

»Danke, er kann gerne eintreten, wenn er möchte.«

»Yäs, und ob ich das will«, antwortete der Deutsche entrüstet und stand auch schon vor Hastie und MacDonald.

»Nehmen Sie doch Platz«, sagte der Akademiedirektor süffisant, denn Kimmekörnle hatte auf Erlaubnis nicht gewartet.

»Wird aber auch Zeit«, sagte er.

»Wie dürfen wir das verstehen?«, fragte Hastie.

»Kommt darauf an. Wer ist wir?«

»Mister MacDonald und meine Wenigkeit.«

Kimmekörnle rutschte auf seinem Stuhl hin und her, mit ihm sein zu knapper Kilt, sodass seine schottischen Gesprächspartner mit einer sehr peinlichen Situation rechneten. Angus sprang in die Bresche. »Sagen Sie uns, was Sie fühlen.«

»Das ist drollig.«

»Bitte«, ergänzte der Gourmet, »Sie haben das Wort.«

»Stimmt es, dass Sie in Ihren Rezensionen ständig auf Virgin Oak herumreiten?«

»Auf Virgin Oak herumreiten«, fragten MacDonald und Hastie wie aus einem Munde.

»Sie haben völlig richtig gehört!«

»Meinen Sie mich oder Mister Hastie?«, fragte der Gourmet.

»Ihn natürlich«, erwiderte Kimmekörnle und wies mit dem Finger auf den Akademiedirektor, dabei MacDonald fixierend.

»Was will er denn, Angus?«

»Sie wissen es genau. Jungfrau ist ein sexistischer Begriff!«

»Aber ich habe doch in meinen Whisky-Besprechungen niemals von Jungfrauen geredet.«

»Virgin Oak! Virgin Oak! Ich bin halt ehrlich.«

»Achtung, Herr Kimmekörnle!«, unterbrach MacDonald. »Virgin Oak ist ein branchenüblicher Terminus, kein Wort, das Ihr Akademiedirektor sich ausdachte.«

»Mein Akademiedirektor? Von wegen!«

»Nichtsdestotrotz ist klar, was ich meine, nicht wahr?«

»So in etwa«, grummelte Kimmekörnle in sich hinein.

»Fürderhin haben Torquil Hasties Whisky-Besprechungen nichts mit unserem heutigen Sujet zu tun.«

»Wie man's nimmt.«

»Mister Hastie möchte Ihnen etwas vorschlagen.«

»Geld?«

»Steht nicht in unseren AGBs!«

»Unglaublich!«, konterte Kimmekörnle, der Wendelin.

MacDonald sah ein weiteres Handgemenge vor dem geistigen Auge. »Gentlemen, so halten Sie doch bitte an sich.« Keiner der Kontrahenten widersprach. »Herr Kimmekörnle, wir möchten Ihnen ein Ersatzseminar anbieten.«

»Tja, wer ist jetzt wieder wir?«, fragte Kimmekörnle überheblich.

»Dann eben Mister Hastie!«

Der Deutsche zuckte mit dem rechten Mundwinkel. Diesen MacDonald hatte er bisher nur ruhig erlebt. Bei mindestens drei Zentnern Masse, die ihm gegenübersaßen, war es besser, einen Gang zurückzuschalten.

»Mister Hastie kann Ihnen sofort einen Gutschein für das nächste Seminar übergeben. Sofern Sie das wünschen, der Herr.«

»Weiß nicht so recht.«

»Dann lassen Sie es eben bleiben«, zeterte Hastie.

»Torquil, vielleicht möchte Mister Kimmekörnle gerne etwas trinken.«

»Das glaube ich nicht.«

»Doch, wenn's möglich wäre«, sagte der Deutsche und rutschte wieder hin und her. Es ziemte sich zwar nicht, an anderer Menschen Schrank zu gehen. Aber hier war Angus' Initiative gefragt. Er holte ein Degustiergläschen und goss dem Seminaristen eine doppelte Portion ein.

»Es hätte schlimmer ausgehen können«, sagte MacDonald, nachdem sie Herrn Kimmekörnle verabschiedet hatten.

»Wie meinst du das?«, fragte Hastie.

Wenn nur dieses Stehgreiftheater bald ein Ende fände! »Ich beziehe mich auf die Verzichtserklärung, die er unterschrieb.«

»Hat er gemacht, ja?«

»Wirklich alles in Ordnung, Torquil?«

»Kann man, hicks, so sagen.«

»Da komme ich ja gerade zur rechten Zeit«, sagte die Chefsekretärin.

»Wie immer, Mrs Gilchrist.«

»Hat er zu viel getrunken?«

»Es sieht so aus.«

»Ihr müsst nicht reden, als ob ich nicht da wäre«, sagte Hastie, zugleich seine letzte Ansprache an diesem Tage. Bevor er vom Stuhl fiel, griffen MacDonald und Mrs Gilchrist je einen Arm und schleppten ihn zur Couch, wo er ohne Verzögerung einschlief.

»Sieht er nicht süß aus?«, bemerkte Mrs Gilchrist und setzte sich neben ihren Chef.

»Wie soll es nun weitergehen?«, fragte Angus, sehr ernst zu den beiden blickend.

»Nein, wir haben doch kein Verhältnis!«

»Home, oh my lovely home!«, verkündete er seinem Kater noch im Korridor, worauf dieser sich zur Klappe begab. »Wohlan! Auch du, mein Sohn Robert!« Der Anrufbeantworter sagte: »Sie haben null neue Nachrichten.« Eine kurze Botschaft von Karen wäre schön gewesen. Aber bitte, wenigstens musste er niemanden zurückrufen. Nein, das stimmte nicht. Alberto hatte ihn auf dem mobilen Gerät zahlreiche Male kontaktiert und würde das so lange machen, bis er sich meldete. Besser, er brachte es gleich hinter sich. »Hallo, Alberto?«

»Sisi, natürlich. Wie ist es gelaufen?«

»So, dass wir erst einmal eine Pause eingelegt haben.«

»Waren nicht alle Gespräche für heute vorgesehen?«

»Eine Verkettung unglücklicher Umstände führte zur Verschiebung der restlichen drei Konfrontationen.«

»Prego?«

»Ich meinte Konversationen.«

»Wen habt ihr denn vernommen?«

»Gesprochen haben wir mit den Herren Fairbairn und Kimmekörnle.«

»Mit dem Wendelin habt ihr euch geeinigt?«

»Woher weißt du das?«

»Er kehrte singend in unser Guest-House zurück. Sturzbetrunken stellte er natürlich das Schieberchen im Flur nicht ein.«

»Welches Schieberchen denn?«

»Na, hör mal. Du kennst doch unsere Anzeigetafel!«

»Ja, es war mir nur einen Moment entfallen.«

»Also?«

»Du vermutest richtig. Kimmekörnle hat einen Seminargutschein akzeptiert. Hast du weitere Informationen über den Herrn?«

»No, und ich glaube nicht, dass jemals wieder ein Seminar in dieser Akademie stattfindet.«

»Das können wir nicht wissen.«

»Lass mich raten, Fairbairn hat alles abgelehnt?«

»Jawohl.«

»Wie geht es mit den anderen drei Teilnehmern weiter?«

»Mrs Gilchrist kümmert sich darum.«

»Hätte ich mir denken können. Ich habe Neues zu berichten.«

»Über wen?«

»Hamilton und Milne.«

»Schieß los.«

Alberto berichtete, dass Mrs Milne mehrere Stunden in Wendy Hamiltons Zimmer verbracht hatte. Die Frage war nun: Hatten sie sich im Seminar kennengelernt oder zuvor? Angus würde versuchen, das in einem der Einzelgespräche mit den

Damen herauszufinden, eher bei der freundlichen Cornishwoman. Alberto glaubte, dass ihre drei Küsschen bei der Verabschiedung auf einen kontinentalen Hintergrund, genauer auf Frankreich hindeuteten. Doch keine der beiden Damen hatte einen Akzent. »Egal«, konterte Vitiello, »dann sind sie sich in Frankreich zum ersten Mal begegnet.«

»Wie bringt uns das im Fall weiter, Alberto?«

»Diese Hamilton ist mir nicht geheuer.«

»Mit einem Mal? Ohne dass wir Gründe dafür nennen könnten, ja?«

»Sie ist so sehr ohne Fehler, dass es einem nur verdächtig vorkommen kann. Weißt du was, ich schicke dir jetzt ein intimes Foto der beiden.«

»Alberto, das muss wirklich nicht sein.«

Wie sich herausstellte, war die Aufnahme harmlos. Kein kompromittierender Moment, sondern eine Umarmung zweier guter Freundinnen. Bei der herzlichen Wendy Hamilton konnte man das nachvollziehen. Doch Mrs Milne war ein anderes Kaliber. Alberto hatte ihn um eine kurze SMS gebeten, sobald Mrs Hamilton über die Schwelle der Akademie trat. Apropos, war Reginald nach der Auflösung des Seminars verschwunden? Gewöhnlich antwortete er auf Anrufe und E-Mails sehr schnell. Ob er sich auf einer Butler-Mission südlich der Grenze befand? Ohne sich vorher zu verabschieden?

Ein Mann geht nach Hause, in der Jacken-tasche eine Flasche guter Whisky. Auf dem Weg stolpert er und fällt auf den Gehweg. Als er sich aufrappelt, bemerkt er eine nasse Stelle auf seinen Hosen. »Gütiger Gott, bitte lass es Blut sein!«

Zwei unter einer Decke?

»Warum sollte ich Ihnen die Hand reichen? In den Staaten hätte ich längst mein Geld erstattet bekommen!«

Hastie erhob sich, mit dem Zeigefinger fuchtelnd. »Wir sind hier nicht in Ihren komischen Staaten und …«

»Was Mister Hastie sagen will, ist, dass Sie einem Gespräch zugestimmt hatten, Mister Meiklejohn«, sagte MacDonald.

»Kann ich mich nicht erinnern.«

»Hören Sie mal …«

Angus drückte seinen Freund sanft auf den Stuhl zurück. »Wie auch immer. Da Sie sich die Mühe gemacht haben, heute vorbeizukommen, schlage ich vor, wir finden eine einvernehmliche Lösung.«

»Sind Sie Laienprediger?«, fragte Meiklejohn mit gehässigem Unterton.

»Nein, das bin nicht. Aber großherzigen Dank für das schöne Kompliment. Mister Hastie möchte eine Offerte machen.«

Angus war stolz, dass er Torquil vom Whisky hatte fernhalten können. »Die Akademie bietet Ihnen einen Gutschein an, Sir.«

»Für MacDonald's?«

»Wie meinen?«

»Reden Sie nur weiter«, erwiderte Meiklejohn.

»Der Voucher kann für irgendeines der kommenden Seminare eingelöst werden.«

»Wann ist das nächste?«

»Ein genauer Termin steht bislang nicht fest.«

»Sind Sie noch bei Trost?«

MacDonald rümpfte die Nase. »Torquil, was meinst du? Bin ich es noch?«

»Mister MacDonald und ich befinden uns in vollem Besitz unserer geistigen Kräfte.«

»Sieht für mich anders aus.«

»Vielleicht trügt der Schein. Einen Gutschein lehnen Sie also ab, Mister Meiklejohn?«

»Sie haben's erfasst!«

»Ihnen will ich mal was sagen …«

»Was Mister Hastie meint, ist, wir hören uns gerne Ihre Wünsche an.«

»Ganz einfach: Beratung«, antwortete der Amerikaner.

MacDonald sah ihn ermunternd an. »Dürfen wir fragen, in welchem Metier?«

»Whiskey natürlich! Was dachten Sie denn?«

»Sie möchten sich eine Kollektion zulegen?«

»NO!«

»Scotch als Kapitalanlage?«

»Verstehe nicht, warum ich irgendwelche komischen Bögen ausfülle, wenn niemand sie liest.«

»Weißt du, was er meint, Angus?«

»Biographie-Bögen«, tönte es vom Korridor her.

»Danke, Grace«, rief Hastie.

»Jetzt erinnere ich mich«, sagte Angus, »Sie spielen mit dem Gedanken, eine Destillerie zu eröffnen, ja?«

»Endlich ist der Groschen gefallen.«

»Zu Hause in New York?«

»Schlechte Idee. Sie wissen doch selbst, dass die Konkurrenz zu groß ist. Im Staat haben wir nach Ihrer Aussage mehr als 150 Destillerien. Wie viele waren es in Schottland noch mal?«

»Gegenwärtig sind es 131 produzierende Malt-Destillerien. Was möchten Sie denn wissen, Sir?«

»Alles, was nötig ist.«

»Von Anfang an?«, fragte Angus perplex.

»Blitzmerker!«

»Auch eine Beratung in monetären Angelegenheiten?«

»Geld ist kein Thema.«

»Ihnen ist klar, dass ein zweistelliger Millionenbetrag schnell ausgegeben ist?«

»Weiß ich.«

»Meines Erachtens sind wir wieder gut weggekommen«, bemerkte Angus, nachdem der Amerikaner die Akademie verlassen hatte.

»Das freut mich jetzt aber.«

»Nicht wahr? Wir stimmten nur zu, eine allgemeine Beratung zu geben. Vom Umfang war keine Rede.«

»Nein, ich meine, weil du wir gesagt hast.«

»Torquil, wovon redest du?«

»Es ist meine Akademie, aber du siehst dich als Teil davon. Hervorragend.«

»Ja, äh, es war mir, ich meine mit Vergnügen. Torquil, ich hätte eine Frage ...«

»Sehr gerne.«

»Was meinte Mister Meiklejohn, als er sagte, er sympathisiere mit dir und nicht mit den Emanzen?«

»Keine Ahnung.«

»Hast du bereits ein Gespräch mit ihm geführt?«

»Nicht dass ich mich erinnere.«

»Bitte, was?«

»Nein, kannst mir glauben, Angus.«

»Summa summarum können wir die Herren Kimmekörnle und Meiklejohn wegen geographischer Distanz als Saboteure ausklammern.«

Hastie blickte sehnsüchtig zu seinem Whisky-Kabinett. »Was soll das denn heißen?«

»Soll ich das Offensichtliche sagen? Sowohl der deutsche Teilnehmer als auch der amerikanische wohnen nicht in der Nachbarschaft, residieren auf dem europäischen bzw. nordamerikanischen Festland, und obgleich du eine Koryphäe der Whisky-Welt bist, bleibt fraglich, ob sie dich so gut kennen, dass sie Schaden anrichten wollen. Mister Fairbairn andererseits ...«

»Whisky-Joe.«

»Bitte?«

»So will er doch genannt werden. Schon vergessen?«

»Ich finde das, sofern der Herr nicht anwesend ist, höchst überflüssig.«

»Stimmt«, rief Mrs Gilchrist durch die noch immer geschlossene Tür.

»Geht es deiner Chefsekretärin gut?«

»Haha, der war gut, Angus. Ich habe doch nur eine Sekretärin.«

»Chefsekretärin«, korrigierte Grace Gilchrist.

»Siehst du, Torquil«, sagte MacDonald leise. »Hat sie psychische Probleme?«

»In der letzten Zeit habe ich mich das auch gefragt. Als Grace einst hier anfing …«

»Einst? Du hast doch die Akademie erst vor kurzem gegründet?«

»Zu Beginn ihrer Arbeit hier dachte ich, sie interessiert sich für mich. Doch dem scheint nicht so zu sein«, sagte Hastie kümmerlich.

»So etwas kommt vor. Vielleicht hat sie einen Verlobten.«

»Nein, ihr Schwerpunkt liegt woanders.«

»Kann nicht folgen.«

»Ladys first. Übrigens, darf ich dir die neueste Ausgabe meines Almanachs schenken? Es soll dir nicht schlechter gehen als unseren Seminarteilnehmern.«

Viel mehr erfuhr Angus nicht. Der Akademiedirektor verging sich in Andeutungen, aus denen sich schließen ließ, dass Mrs Gilchrist dem zarten Geschlecht zugetan war. Hastie wäre nicht der erste Mann, der bei einer Zurückweisung so reagierte. Ihr Nichtinteresse konnte aber andere Gründe haben, und ausgeprägte Sympathiebezeugung bei einem Bewerbungsgespräch war ihr nicht zu verübeln. Selbst wenn sie mit Torquil hatte anbandeln wollen, konnte sie einen Gentleman kennengelernt haben, den nicht so stark nach Whisky dürstete. Was sich in MacDonalds Gedanken buchstäblich festgesetzt hatte, war Meiklejohns Widerwillen gegen »die Emanzen«. Robert marschierte an Angus vorbei und wäre es nicht so unrealistisch gewesen, hätte er gesagt, dass der Kater ob seines Herrchens neuen Selbstgespräches den Kopf schüttelte. Der Amerikaner meinte ganz bestimmte Damen und man durfte sehr wahrscheinlich auf Seminarteilnehmerinnen tippen. Joe Fairbairn wiederum hegte ob seines verunglückten Vaters ein triftiges Motiv. Aber musste er an einem Akademiekurs teilnehmen, um Rache zu üben? Andererseits zeigte er ein unkonventionelles Wesen. Dass der Täter wiederum sein Opfer sozusagen live leiden sehen wollte, konnte für alle Seminarteilnehmer zutreffen. Zur Begrüßung der Seminaristen gehörte Hasties Whisky-Almanach. Eben diesen würde er sich nun zu Gemüte führen. Mit einem Becher Jasmintee lief die Lektüre noch besser ab. Angus füllte den Wasserkocher, klappte den Deckel zu und lauschte andächtig dem Rauschen und Klappern. Wie es Karen wohl ging? Noch immer antwortete sie auf seine Versöhnungsversuche nicht. Mit Alberto konnte er und mit seinem Vater war nicht darüber zu sprechen. Beide hatten zu ausgeprägte Standpunkte. »Heirate Sie, Angus. In deinem Alter kannst du nicht wählerisch sein« hier und »Vergiss die Braut. Andere Mütter haben auch schöne Töchter« auf Dads Seite. »Klick!« Wie gut, dass wenigstens der Wasserkocher kommunikativ war. Als leidenschaftlicher Grünteetrinker wusste er, dass nun gut eine Minute zu warten war. Die zarte Pflanze litt unter überheißem Wasser sehr. Um nicht wieder Trübsal zu blasen, ging er zum Fenster und schaute in den Garten. Sir Robert pirschte in Jagdhaltung, dicht am Boden, voran. Arme Vogelwelt! Er goss das Wasser in den Teebecher und schritt nach oben in seine Bibliothek. Es gab schlimmere Plätze als diesen Raum, um sein Leben zu fristen. Den Teebecher stellte er auf dem Schreibtisch ab und warf einen liebevollen Blick auf die beiden langen Regale mit Whisky-Bänden. Nicht dass er die Segmente seiner Bibliothek ständig beziffern würde, aber 150 Exemplare würden es sein. Die Kette von großartigen Neuerscheinungen schien nicht abreißen zu wollen. Gab es vor 30 Jahren nur eine Handvoll Whisky-Bücher, so erschienen jetzt fast jeden Monat Werke, die es in sich hatten, verfasst nicht von Dünnbrettbohrern, sondern erfahrenen Frauen und Männern. Obwohl letztere noch immer mehr

Bücher verfassten. Torquil Hastie hatte bereits zehn Whisky-Almanache herausgegeben. Für viele Scotch-Fans gehörten sie zu den Highlights des Jahres. MacDonald fragte sich, wie das Leben ohne dieses Buch hatte bewältigt werden können. Die Bewertungen der Whiskys waren immer etwas subjektiv gewesen, was bis zu einem gewissen Grad auf alle Tester zutraf, weltweit. Sicher, es gab objektive Kriterien, auf die man sich einigen konnte. Lowland Whiskys kamen angenehm leicht und mit Fruchtnoten daher. Tropfen von Islay schmeckten mit einer Ausnahme torfig. Speysider waren für ihre Sherry-Note bekannt. Highlander konnten rund und trocken sein, aber auch nach Heidekraut und Gewürzen munden. Aber über diese allgemeinen Charakteristika hinaus wertete jeder Mensch anders, weil die mit Geruch und Geschmack assoziierten Erinnerungen verschieden waren. So kam es, dass bei jedem Panel alle Notizen eingesammelt wurden, damit zur Bewertung ein Querschnitt erstellt werden konnte. Hastie dagegen war der einzige Juror seines jährlichen Almanachs. Hohe Subjektivität war so kaum zu verhindern und mehr und mehr sorgte sein Kollege für Furore, indem er wahren Exoten die höchste Punktzahl gab. Mal landete ein japanischer Whisky auf Platz eins, dann ein Kanadier oder Taiwanese. Nicht dass mit diesen Erzeugnissen irgendetwas nicht stimmte. Aber ebenso klar war, dass es für Schlagzeilen und guten Absatz sorgte, wenn ein nichtschottischer Whisky den ersten Platz belegte. Bei zehn Ausgaben des Almanachs war das achtmal der Fall gewesen. Er nippte an seinem Tee, las ein bisschen, trank wieder, las. Das durfte nicht wahr sein!

»Du bist herzlich zum Abendessen eingeladen, Angus«, sagte Alberto und goss noch etwas Gemüsebrühe in den großen Topf. »Warum wolltest du mich denn so dringend sprechen?«

»Hast du mir wieder einmal nicht zugehört?«

»So ist es.«

MacDonald lachte. »Herzlichen Dank für diese erfrischende Ehrlichkeit.«

»Ich koche Risotto, und auch dir sind Essen und Trinken wichtig, oder?«

»Touché!«

»Moment mal, Angus. Merk dir, was du sagen wolltest.« Vitiello eilte in seine Vorratskammer neben der Küche und kehrte mit einer Flasche Wein zurück.

»Ein schöner Weißer?«, fragte der Gourmet.

»Naturalmente! Rotwein ins Risotto, das geht gar nicht.«

»Mit meinem Whisky-Risotto bin ich sehr glücklich.«

»Koch du deine Phantasiegerichte. Ich halte mich an die traditionelle italienische Küche.«

»Verzeih bitte, aber ohne Kreativität entsteht nichts Neues!«

»Einverstanden, Amico. Sonst hast du keinen Grund, brummig zu sein?«

»Doch. Mich plagt ein wenig das Gewissen.«

»Finalmente.«

»Was soll das bitte heißen?«

»Du hast dich bei Karen entschuldigt?«, fragte Alberto.

»Meine Güte, nein.«

»Nötig wär's aber.«

»Mein schlechtes Gewissen rührt von der Tatsache, dass ich Torquils Jahresband nicht eher intensiv studiert habe. Aus Gründen, die wir nicht näher erörtern müssen.«

»Bin gespannt, was du herausgefunden hast.«

»Was ich von manchen seiner Vergleiche, nicht allen, aber zu vielen, halten soll, ist mir unklar.«

»Beispiele, bitte.«

»Immer wieder vergleicht er Whiskys mit Frauen und ...« MacDonald zog die neueste, ramponierte Ausgabe des Almanachs aus seinem Jackett.

»Hast du damit auf einer Parkbank übernachtet?«, fragte der Italiener.

»Frivoler Gedanke.«

»Normalerweise gehst du mit deinen Büchern pfleglicher um. Mir leihst du gar keine aus.«

»Du liest doch nicht.«

»Ein einziges Mal habe ich mir ein Kochbuch von dir borgen dürfen.«

MacDonald dachte nach. »Wenn du mich bloß nicht daran erinnert hättest. Das habe ich noch mal kaufen müssen.«

»Nur wegen ein, zwei Soßenflecken?«

»Es waren viel mehr Verunstaltungen! Soll ich nun deinem Wunsch nachkommen und zitieren?«

Vitiello nickte in einer Imitation von Gravitas, war erstaunt über die vielen Zettelchen in dem Buch. Bis all die Stellen vorgelesen waren, gäbe es nirgendwo auf der Welt mehr Reis!

MacDonald blätterte zur ersten Markierung. »Wäre dieser Whisky eine Dame, hätte ich einige Ideen, wie wir Zeit miteinander verbringen könnten. Sie verstehen, was ich meine …«

»Im Ernst?«

»Es kommt noch schlimmer: ein Whisky so sexy wie eine Frau in knappem Lederminirock und High Heels.«

»Porca miseria!«

»Zwei Whiskys sind besser als einer und in mein Bett kommen stets …«

»Genug! Kann mir gut vorstellen, was jetzt kommt. Widerlich. Seit wann geht das schon so, Angus?«

»Meine Lektüre zeigt, dass er seit der ersten Ausgabe solche Tendenzen hatte. Im aktuellen Band kulminiert es nun.«

»Wann erschien der?«

»Vor ein paar Monaten. Alle Seminarteilnehmer haben ihn mit ihren Unterlagen erhalten.«

»Stellt sich die Frage, ob außer ihnen noch jemand von den Formulierungen abgestoßen wurde.«

»Noch wissen wir nicht, ob und welche Seminaristen die Vergleiche widerlich finden.«

»Alle, die noch bei Verstand sind und Respekt vor Frauen haben.«

»Du gehst davon aus, dass es insgesamt sehr viele Menschen sind, Alberto?«

»Vor allem wundert es mich, dass sich noch niemand öffentlich zu Wort gemeldet hat.«

Albertos Risotto duftete so gut, dass es keiner weiteren Überredungskunst bedurfte, damit MacDonald mitaß. Nach dem Abendessen fuhr er nach Hause und ließ noch einmal alles Revue passieren. Sein Freund hatte Recht. Warum hatte noch niemand öffentlich rebelliert? Vermutlich, weil die Welt des Whiskys immer noch von Männern dominiert wurde. Frauen hatten im Vergleich zu früher zwar herausragende Positionen für sich erarbeitet, nicht zuletzt in der Produktion, Masterblenderinnen waren sehr gefragt, aber bis es zu einem wirklich gleichberechtigten Verhältnis kam, würde noch einige Zeit verstreichen. Viel früher bekäme Torquil Hastie einige Fragen gestellt …

Der Akademiedirektor schielte schon wieder zu seinem Whisky-Schrank. »Angus, warum musste ich in die Akademie kommen?«

»Darf ich daran erinnern, dass es dir gestern nicht recht war?«

»So spät am Abend ein Gespräch führen? Fragte meine Gattin, haha. Wie du weißt, wollen die Damen auch zum Zug kommen.« Hastie machte eine anzügliche Geste.

»Torquil, ich muss doch sehr bitten!«

»Hast du Ärger mit den Ladys, Angus? Soll ich dir ein paar Tipps geben?«

»Potztausend! Mein Privatleben tut nichts zur Sache. Soll ich dir nun helfen oder nicht? Triff eine Entscheidung.«

»Hilf mir, bitte. Wollen wir eine kleine Stärkung zu uns nehmen?«

»Auf gar keinen Fall. Gestern habe ich all deine Almanache studiert.«

»Hoffentlich nicht zum ersten Mal?«

»So intensiv hatte ich das jedenfalls noch nicht getan.«

»Es freut mich, dass ältere Ausgaben auch noch hilfreich sein können.«

»Bei meiner Lektüre stießen mir einige Sätze sauer auf.«

»Was hast du gestern Abend gegessen?«

»Risotto. Warum?«

»Da hast du's. Sodbrennen bekommt man von zu fettigem Essen.«

»Nein. Das war es nicht!«

»Dann erleuchte mich bitte.«

»Sexismus! Deine Vergleiche sind mitunter schwer zu ertragen. Darf ich zitieren?«

»Bitte sehr, ja.«

»Whisky sollte wie eine Frau sein, vielschichtig, reizvoll, elegant und sexy.«

»Schön.«

»Ist das alles, was du zu sagen hast?«

»Warum diktierst du mir nicht, was ich sagen und schreiben soll?!«

»Du könntest beispielsweise die Vokabel sexy aus deinem Wortschatz streichen. Außerdem ist es generell abstoßend, Whiskys mit Frauen zu vergleichen.«

»Lass mich raten. Dem Zeitgeist folgend, vergleiche ich sie besser mit Männern?«

»Auch nicht.«

»Jetzt weiß ich, alle 87 möglichen Geschlechter wollen berücksichtigt sein, was? Kein Problem, da hänge ich in Zukunft noch hundert Seiten dran an mein Buch.«

»Torquil, willst du so weitermachen?«

»Bisher hatte ich einen sehr guten Absatz.«

»Niemand hat dich kontaktiert wegen Sexismus?«

Der Akademiedirektor zitterte plötzlich wie Espenlaub.

»Torquil, kann ich dir ein Glas Wasser bringen?«

»Schon unterwegs«, kommentierte Mrs Gilchrist.

»Whisky wäre mir lieber, Angus. Der wird mir helfen.«

Angus ging zum Kabinett und kam mit einer Flasche zurück. Der Akademiedirektor sah wohlwollend zu, wie der goldfarbene, zwölfjährige Royal Brackla in die Gläschen floss. »Lass die Flasche am besten bei uns, Angus. Man weiß ja nie.«

»Natürlich, kein Problem.« MacDonald erhob das Glas. »Cheers. Bist du bereit?« Hastie zitterte beim Ergreifen des Glases und blickte ängstlich um sich. »Weißt du, Angus, ich bin kein schlechter Mensch.«

»Nein, natürlich nicht.«

»Warum befinde ich mich dann in solch schrecklichem Schlamassel?«

»Erzähl mir bitte, was geschah, Freund.«

»Diese Formulierungen … es vergeht sehr viel Zeit, bis ich einen Whisky bewerte. Meine Kritiken sind nicht dahingeschludert, beschäftige ich mich doch seit mehr als 40 Jahren mit dem Wasser des Lebens. Whisky hat mit Empfindungen zu tun. Wenn ich also manchmal auf das Thema Nummer Eins Bezug nehme, ist das nur natürlich. Wer damit nicht umgehen kann, braucht sich mein Buch nicht zu kaufen. Es ist nichts für arrogante Snobs. Kannst du mir folgen, Angus?«

»Ohne Probleme.«

»Warum bekomme ich dann so schlimme Briefe?«

»Weitere Schreiben gingen bei dir ein? Aber warum hast du das nicht erzählt?«

»Es war mir peinlich«, antwortete Hastie.

»Wie soll ich denn in deiner Sache ermitteln, wenn mir ständig wichtige Informationen vorenthalten werden? Das habe ich doch zu erläutern versucht.« Auch war nicht zu verstehen, warum es ihm immer noch peinlich war!

»Entschuldige, Angus. Es wird nicht wieder vorkommen.«

Der Akademiedirektor wirkte so geknickt, dass MacDonald Mitleid bekam. Nun, da das Kind in den Brunnen gefallen war, hatte es keinen Sinn, das Versäumnis weiter zu kritisieren. »Ist schon gut, mein Freund. Was steht denn drin? Du hast sie dieses Mal hoffentlich aufgehoben?«

Hastie wühlte in seiner Aktenmappe und reichte ihm die Dokumente. »Hier bitte, Angus.«

MacDonald war schon dabei, Handschuhe anzuziehen, als er bemerkte, dass die Dokumente laminiert waren. »Sind das die Originale?«

»Alle drei.«

»Handgeschriebene Briefe. Warum sind sie laminiert?«

»Mrs Gilchrist hielt es für eine gute Idee. Haben wir etwas falsch gemacht?«

»Fingerabdrücke sind nun verloren.«

»Es waren keine darauf.«

»Woher willst du das wissen?«

»Grace hat es überprüft.«

»Ich wusste nicht, dass deine Sekretärin eine Forensik-Ausbildung absolvierte.«

»Sie ist mir eine große Hilfe«, antwortete Hastie.

»Wenn du gestattest, lese ich mir alle durch?«

»Mach nur, Angus«, sagte Hastie, goss sich einen doppelten Whisky ein und schwenkte die Flasche am Hals durch die Luft. »Willst du auch noch?«

»Oh nein, danke.« Die drei Briefe waren undatiert, ohne Poststempel und Briefmarken. »Wurden sie hier eingeworfen?«

»Wo denn sonst?«

»Zum Beispiel bei deiner privaten Adresse.«

»Nein, alle drei landeten hier. Bist du schon durch?«

»Noch etwas Geduld bitte.«

»Kann ich mir kurz die Hände waschen gehen?«

MacDonald nickte, schwer konzentriert über dem ersten Brief. Als sein Freund zurückkam, waren zehn Minuten vergangen.

»Dachte, ich lasse dich lieber ein Weilchen alleine. Was machst du da, Angus?«

»Die Briefe fotografieren, sofern du nichts dagegen hast.«

MacDonald machte tags darauf einen kleinen Spaziergang zu den Gardens unter dem Schloss und setzte sich auf eine Bank. Wie immer, wenn er das Castle erblickte, stieg seine Laune markant. So geschah es auch an anderen Plätzen, die zu Recht als Sehenswürdigkeiten bezeichnet wurden und für ihn Orte der Kindheit, der Jugendzeit und reifen Alters waren. Ohne den geringsten Zweifel würde er auch den Rest seines Lebens in der schönsten Stadt der Welt verbringen.

»Hallo, Mister MacDonald«, sagte eine junge Frau, ihn spöttisch anblickend, eine riesige Plastiktüte in der Hand.

»Mrs Milne, was machen Sie denn hier?«

»Auf dem Weg zu Zahnarzt Miller. Sie?«

»Ebenfalls«, antwortete er.

»Was für ein Zufall.«

»Entschuldigen Sie bitte. Befinde mich auf dem Weg nach Hause, wollte ich sagen.«

»Gut, dann haben wir ja alles geklärt.«

»Wie geht es Ihrem Sohn?«

»Stevie? Der ist okay.«

Joan Milne hatte es mit einem Mal sehr eilig, sich zu entfernen. Trog ihn seine Wahrnehmung oder fühlte sie sich in seiner Gegenwart physisch unwohl? »Du siehst Gespenster, Angus!« Doch ihr Zahnarzt hieß auch Miller? So wie seine geliebte Hausärztin?

»Wuff!«, lautete die Antwort eines Yorkshireterriers, der in seiner Winzigkeit kaum zu erkennen war. MacDonald musste zweimal blinzeln.

»Sie haben Trixie einen ganz schönen Schrecken eingejagt«, sagte eine ältere Frau mit Hütchen, in der Größe zum Hund passend.

»Bitte um Nachsicht, die Dame. Das wird nicht wieder vorkommen.«

»Wir verlassen uns darauf. Stimmt's, Trixielein?«

Wieder knurrte der Hund, mehr ein Fauchen, das zu einem anderen Tier gepasst hätte. Schildkröte? Nein, eher ein kleiner Igel.

»Good-bye, der Herr!« Die Dame ging kopfschüttelnd weiter.

»Wünsche einen schönen Tag«, antwortete MacDonald. Sollte er Joan Milne beschatten? Lieber nicht, denn irgendwie ahnte er, dass sie damit rechnete. Stattdessen rief er Hastie an und sendete, weil besetzt war, eine SMS: »Bitte Briefkasten im Auge behalten! Wichtig!« Jetzt würde er Alberto anrufen. »Hallo, mein Freund. Ich bin's.«

»Angus?«

»Thinnson MacDonald, der Erste. Hast du einen Moment Zeit?«

»Klar. Willst du vorbeikommen? Maria hat aber schlechte Laune.«

»Wir können gerne am Telefon sprechen«, antwortete er, die Ehezwistigkeit ignorierend. »Ich war in der Akademie und habe mit Torquil ein ernstes Gespräch geführt.«

»Hat er wieder anonyme Briefe bekommen?«

»Woher weißt du das? Alberto, einen Moment bitte. Da kommt noch ein Anruf.«

»Sisi.« Vitiello war mit seinem Cellulare wie verwachsen und hatte großes Verständnis für Telefonate.

»Ja, bitte?«, sagte MacDonald.

Alberto lachte. »Bin immer noch in der Leitung. Du hast wieder die falsche Taste gedrückt, mein Freund.«

»Falls ich die Verbindung zu dir kappe, war es ein Versehen.«

»Naturalmente, und es wäre auch nicht …«

»Alberto?«

»Gehst du heute noch ran, Angus?«, fragte Vitiello

»Torquil! Bist du da? Hast du meine SMS gelesen?«

»Was? Nein, Joan Milne ist hier.«

»In der Akademie? Gerade war sie noch auf dem Weg zum Zahnarzt.«

»Vor ihrem Termin will sie unbedingt das Gespräch über die Seminarkosten führen.«

»Mrs Milne, wir haben uns ja schon ewig nicht mehr gesehen«, sagte MacDonald in einem Versuch, Eis in Antarktis-Stärke zu brechen. Angesichts der Kabarett-Kleidung, die sie mit dem Kissen sehr wahrscheinlich in ihrer Tüte transportiert und vor dem Gespräch noch angelegt hatte, war das mehr als man von ihm erwarten konnte.

»Blödsinn. Ist noch keine Viertelstunde her.«

»Kennen Sie unseren deutschen Teilnehmer gut?«

»Kimmedings? Nicht besonders. Warum?«

»Sie ähneln sich in der Konzentration auf bare Fakten.«

»Verstehen Sie, was er meint, Herr Akademiedirektor?«

»Wie können wir Ihnen helfen, Mrs Milne«, fragte Hastie.

»Ist gar nicht schwierig: IHR zahlt MIR mein GELD. Verstanden?«

»Haben Sie unsere allgemeinen Geschäftsbedingungen studiert?«

»Das winzig geschriebene Zeugs? Kann doch kein Mensch lesen! Nicht mal mit einem Fernrohr.«

»Sie meinen ein Vergrößerungsglas?« MacDonald deutete ein solches mit den Händen an.

»Spinnen Sie oder was?«

»Wie meinen?«

»Obszöne Gesten zu machen! Das geht aber gar nicht, Mann!«

»Nein, oh, nein. Ich habe doch nur eine Lupe angedeutet.«

»Direkt über Ihrem Gürtel!«

»Torquil, zu Hilfe.«

»Mister MacDonald ist ein Ehrenmann. Niemals würde er eine unpassende Geste machen, schon gar nicht etwas Obszönes.«

»Na, klasse. Die Mannsbilder sind sich wieder mal einig!«

»Sie missverstehen das, Mrs Milne.«

»Jaja! Was ist jetzt mit meinem Geld?«

»Mister Hastie bietet Ihnen einen Gutschein an.«

»Zum Riesenrad fahren?«

»Für ein neues Seminar.«

»Ohne Sie? Hört sich gut an. Wann?«

»Der genaue Termin steht noch nicht fest«, sagte der Akademiedirektor.

»Wird dieses Mal dem Lehrplan gefolgt?«

»Durchaus, Mrs Milne.«

»Her damit!«

»Bitte, was?«, fragte Hastie. »Sie stimmen zu?«

»Soll ich nichts unterschreiben?«

»Doch, natürlich, gerne.« Hastie wühlte auf seinem Schreibtisch nach dem Dokument und reichte es Mrs Milne.

»Stift?«

MacDonald reichte ihr seinen guten Füller,

»Was soll das denn sein?«

»Ein Füllfederhalter, Gnädigste.«

»Wenn ich Ihnen etwas bin, dann nicht gnädig! Können Sie mir glauben.«

Hastie offerierte ihr drei Filzstifte in verschiedenen Farben. Sie griff nach dem roten, biss mit dem Mund die Kappe ab. MacDonald hatte fest damit gerechnet, dass sie diese auf den Fußboden spuckte. Aber das wenigstens blieb ihnen erspart. Grußlos verließ sie den Raum.

»Mir ist nicht klar, warum du ihr so wenig Fragen stelltest, Angus«, sagte Hastie leicht anklagend.

»Sie war es nicht.«

»Das kannst du doch nicht wissen.«

»Hast du nicht gesehen, wie erstaunt sie meinen Füllfederhalter betrachtete?«

»Ja, und?«

»Sie hat noch nie einen gesehen. Die anonymen Briefe sind aber alle mit einem Füller verfasst worden.«

»Was ist, wenn sie jemanden gebeten hat, die Schreiben für sie zu erstellen?«

»Würdest du das machen? Zumal die Mitteilungen sehr artistisch verfasst wurden.«

»Wendy Hamilton, die Künstlerin!«

»Sehr wahrscheinlich. Wann führen wir das Gespräch mit ihr?«

»Morgen Vormittag. Elf Uhr.«

»Wenn jemand eine halbe Flasche Whisky trinkt, ist sie dann zu 50 Prozent voll oder zu 50 Prozent leer? Schwer zu sagen, aber der Mann ist zu 100 Prozent betrunken!«

Signor Vitiello täuscht sich nicht

MacDonald rief unmittelbar nach dem Gespräch Alberto an und berichtete ihm vom Treffen mit Joan Milne. »Du hattest mich gefragt, ob Torquil weitere anonyme Briefe bekam?«

»Sisi.«

»Ja, und sie sind mit einem Füllfederhalter verfasst worden.«

»Gut, dass dein Co-Detektiv nicht untätig war.«

»Mrs Hamiltons Zimmer? Ist dir Maria deswegen gram?«

»Angus, in all den Jahren meiner Ehe habe ich gelernt, dass immer irgendetwas schiefgeht. Höre mir genau zu. Es ist sehr einfach. Ich erklär's dir. Diese Mrs Hamilton ist schuldig.«

MacDonald trommelte mit den Fingern der rechten Hand einen improvisierten Marsch.

»Ist da noch jemand in der Leitung, Angus?«

»Nur meine Finger.«

»Prego? Ist ja auch egal. Ich habe Notizen von Mrs Hamilton fotografiert.«

»Ohne Grund?«

»Natürlich nicht. Ich wiederhole: Sie ist die Täterin.«

»Sind die Notizen von Hand geschrieben?«

»Wie denn sonst?«

»In einen Laptop getippt und ausgedruckt.«

»Sie benutzt einen Füller.«

»Wie ich vermutete! Lagen die Notizen offen herum?«

»Nicht so ganz.«

»Gut. Wie lautet die offizielle Version der Villa Buongiorno?«

»Routinebesuch aller Zimmer, ob bewohnt oder nicht. Um Mottenpapier in den Schränken auszulegen.«

»Dabei sind die Notizen aufgetaucht?«

»Auf den Boden gefallen. Ich bin aus Versehen darauf getreten. Für einen möglichen Versicherungsfall habe ich ein Foto gemacht. Es könnte ja sein, dass die Dame mich auf Schadensersatz verklagt.«

»Wegen ein paar Notizen?«

»Hab dir die Aufnahme gesendet. An deiner Stelle würde ich sie mir gleich ansehen.«

Ging es um technische Gadgets, verstand Vitiello kein Zögern. Es hatte Jahre gedauert, bis er sich einen Computer zulegte. Alle Vorteile wischte er zunächst von der Hand und trieb dann die Belegschaften der Geschäfte mit nicht enden wollenden Fragen zur Grenze des Wahnsinns. Beim mobilen Telefon lief es genauso ab. Sowie er die Geräte erworben hatte, gab es mit Laien und Halb-Laien kein Pardon mehr. »Ich sehe es mir gleich an«, sagte Angus und verabschiedete sich freundlich. Wie gut, dass er einen Freund im Museum of Scotland hatte, Spezialist für Urkunden und Handschriften …

»Vielen Dank für Ihr Kommen, Mrs Hamilton«, sagte Hastie.

»Natürlich helfe ich Ihnen gerne, Gentlemen. Ich bedauere immer noch, dass Mister MacDonald seinen Kurs nicht beenden konnte. Mir hat es sehr gefallen.«

Angus würde sich erst einmal zurückhalten und hatte das seinem Freund auch so gesagt. Hastie war überrascht, widersprach aber nicht. Er wollte während der Unterhaltung sogar auf Whisky verzichten.

»Die Akademie bietet Ihnen einen Voucher an, Mrs Hamilton.«

»Gutschein?«

»Exakt, für ein neues Seminar.«

»Wieder mit dem legendären Angus Thinnson MacDonald?«

Der Gourmet blieb stumm, was sie verunsicherte.

»Es ist, äh, noch nicht ganz sicher«, erwiderte Hastie.

»Eher nein, Mrs Hamilton«, korrigierte Angus.

»Sehr schade. Warum denn nicht?«

»Anderweitige Verpflichtungen.«

»Ihr neues Kochbuch?«

MacDonald hätte keinen Eid darauf geschworen, aber hatte sie verächtlich geschaut? »Verschiedene Gründe, Mrs Hamilton.«

»Okay«, sagte sie fröhlich.

»Sie akzeptieren einen Gutschein?«, fragte der Akademiedirektor.

»Wundert Sie das, Mister Hastie?«

»Nein, ich bin erfreut.«

»War das alles, was Sie mit mir besprechen wollten, meine Herren?« Wendy Hamilton erhob sich, um die Akademie zügig zu verlassen.

»Eine Kleinigkeit, Mrs Hamilton …« Auch damit hielt Torquil sich an das kleine Drehbuch, das Angus entwickelt hatte.

»Falls Sie noch einen Moment Zeit hätten«, sagte MacDonald so unschuldig wie möglich.

»Für Sie immer.«

Der Gourmet kramte umständlich in seiner Aktenmappe.

»Jetzt machen Sie es aber spannend, Mister Angus.«

»Sie müssen wissen, dass Ihr Akademiedirektor in der letzten Zeit eine Reihe von anonymen Briefen erhielt.« Er hielt das erste Schreiben so, dass sie es gut sehen konnte. »Es geht um Mister Hasties Almanach. Sie erhielten doch auch ein Exemplar?«

»Ist es das kleine, dicke Buch?«

»Ja, und wenn ich dann alle 87 Geschlechter aufnehme, wird der Almanach zum Superschwergewicht!«

»Das verstehe ich nicht, Mister Hastie.«

»Seitens des Schreibers oder auch der Schreiberin wurde kein Aufwand gescheut, um Mister Hastie das Leben schwer zu machen.«

»Solche Menschen gibt es, ja.«

»Interessiert Sie, was in den Briefen steht?«

»Klar doch. Schießen sie los.«

»Man beschimpft meinen Freund als Monster.«

»So arg ist er doch nicht.«

»Hatten Sie nicht gerade behauptet, den Almanach nicht zu kennen?«

»Nein, mir war nur kurz entfallen, von der Akademie ein Exemplar bekommen zu haben, und meiner persönlichen Ansicht nach ist Mister Hastie kein Ungetüm. Zudem gefällt mit Ihr Staatsanwalt-Ton nicht.«

Die Fassade bröckelte. »Bitte um Nachsicht. So war es nicht gemeint. Im letzten Brief wird Mister Hastie mit Unheil bedroht, falls er bestimmte Dinge nicht unterlässt.«

»Was hat das alles mit mir zu tun?«

»Die Handschrift sieht Ihrer täuschend ähnlich.«

»Jetzt vergaloppieren Sie sich aber, MacDonald.«

Er hielt Mrs Hamilton die Notizen entgegen, die Alberto fotografiert hatte. »Schauen Sie bitte.«

»Wo zum Teufel haben Sie das her?«

»Handelt es sich um Ihre Aufzeichnungen?«

»Sie sind in mein Hotelzimmer eingedrungen?«

»Natürlich nicht.«

»Sie kennen den kleinen Italiener! Was für ein schlechter Film läuft denn hier ab?«

»Gar keiner!«, sagte Hastie und schielte zum Whisky-Schrank.

»Sie sind ein Dieb, MacDonald!«

»Was habe ich Ihnen gestohlen? Oder Mister Vitiello?«

»Es ist also in Ordnung, wenn ein Hotelbesitzer in die Zimmer seiner Gäste eindringt und Fotos macht?«

»Keineswegs. Mister Vitiello legte routinemäßig Mottenpapier aus. Dabei flatterte Ihr Papier auf den Boden. Der Hotelbesitzer hinterließ versehentlich einen Fußabdruck darauf. Da er wusste, dass sie Künstlerin sind, machte er für potenzielle Schadensersatzforderungen eine Fotografie.«

»Haha! Das ist Ihre Story? Dann verraten Sie mir mal, warum der feine Vitiello ein vertrauliches Dokument an Sie sendet?«

»Mrs Hamilton, Sie würden sich schwer tun, das zu beweisen.« Das war zwar nicht die feine schottische Art, aber MacDonald wollte sie unbedingt weiter aus der Reserve locken.

»Sie und Ihr komischer Akademieboss haben wohl an alles gedacht. Zu Ihrer Information: Ich habe einen sehr guten Anwalt! Sie werden erklären müssen, warum sich das Foto auf Ihrem Handy befindet!«

»Einfache Aufgabe. Mister Vitiello wusste, dass ich mit einem Gutachter bekannt bin.«

»Gutachter wofür?«

»Beurteilung von Kunstwerken, besonders von solchen, die Schaden nahmen.«

»Jetzt wird's immer bunter.«

»Auch mit Handschriften kennt der Herr sich gut aus.«

»Schön für ihn!«

»Ohne Frage, doch weniger erfreulich für Sie. Denn bei der Begutachtung könnte herauskommen, dass Sie die anonymen Briefe verfassten.«

»Jetzt weiß ich, woher ich Sie kenne, Mrs Hamilton!«, rief Hastie, »Internet.«

Mrs Hamilton war aus der Akademie geflüchtet und Hastie hatte sich einen doppelten Scotch eingegossen. »Denkst du, dass sie uns verklagt, Angus?«

»Nein, deine Akademie ist außen vor, da sie ja zum Gutschein einwilligte.«

»Aber was ist mit dir und deinem Detektiv-Kollegen?«

»Alberto und ich sind auch aus dem Schneider.«

»Wie kannst du so sicher sein?«

»Vertrauen wir auf Mister Cox.«

»Dein Bekannter vom Museum of Scotland?«

»Er ist sicher, dass die anonymen Briefe von Mrs Hamilton stammen.«

»Angus, verstehe mich bitte nicht falsch. So dankbar ich für deine Hilfe bin, können wir uns doch nicht darauf verlassen, dass Hamilton nun Ruhe gibt.«

»Ich gehe jede Wette ein, dass sie die Villa Buongiorno schlagartig verlässt. Hier kommt auch schon die Textnachricht von Alberto Vitiello.«

»Kann die Frau zaubern?«

»Morningside ist nicht so weit von hier und … ah, sie ist noch nicht eingetroffen. Doch steht ihr Koffer gepackt im Zimmer.«

Hastie glich einem gerupften Hahn. »Nein, ich fühle mich noch nicht sicher.«

»Da trifft es sich gut, dass ich als gelernter Journalist ein probates Gegenmittel für dich habe, Torquil.«

»Gegen Mrs Smith?«

»So heißt sie wirklich, ja?«

»Jackie Smith. Sie betreibt eine Whisky Website, finanziert über Anzeigen. Vor etwa zwei Jahren hat sie mich dafür interviewt.«

»Habt ihr euch dabei gestritten?«

»Nicht in meiner Erinnerung.«

»Torquil, ich sage es ungern, aber ich muss mit Mrs Gilchrist unter vier Augen sprechen …«

»No, Angus, das geht zu weit!« Alberto hatte einen hochroten Kopf bekommen.

MacDonald stand am heimischen Herd. »Du bist doch auch jemand, der gerne Neues ausprobiert.«

»Sauerkraut im Omelett?!«

»Es schmeckt sehr gut, wenn ich das von meinem eigenen Gericht sagen darf.«

»Mit Cheddar?«

»Man kann auch Parmesan verwenden.«

»No, no und no!«

»Sauerkraut ist ein solider Bestandteil der friulanischen Küche. Du bist sicher, dass du nicht kosten willst?«

»Si, bin ich!«

»Mit schönem grünem Salat dazu? Nein?«

»Klappen!«

»Wie meinen?«

»Du musst das Omelett jetzt von den Seiten her zusammenklappen!«

»Danke für den Hinweis, Alberto.«

»Schnell!«

MacDonald schob den breiten, hölzernen Kochlöffel unter das Omelett und drückte die Seiten zur Mitte der Pfanne.

Vitiello schaute neugieriger zu, als er zuzugeben bereit gewesen wäre. »Da sind Sauerkraut und Käse drin?«

»Jawohl, Alberto, und noch andere Zutaten.«

»Was denn für welche?«

»Koste doch selbst und finde es heraus.«

»Nur ein bisschen.«

»Komm, wir gehen ins Wohnzimmer.« MacDonald hievte das Omelett, welches er für zwei Personen gekocht hatte, auf eine Servierplatte und teilte es in gleich große Portionen. Eine große Schüssel Rucola-Salat stand bereits auf dem Tisch. »Wärst du so freundlich, Alberto?«

Vitiello goss etwas Rapsöl in die Salatschüssel und verteilte es. Das Gleiche machte er mit dem Apfelessig. »So, ja?«

»Bestens. Ich danke dir.«

»Nun, wie ist es gelaufen?«

»Wollen wir erst probieren?«

Vitiello kaute bereits.

»Schmeckt es dir?«

»Chili?«

»Oh ja.«

»Pepe?«

»Schwarzer Pfeffer auch, ja.«

»Schmeckt ungewöhnlich, Angus.«

Jetzt war MacDonald sicher, dass ihm das Sauerkraut-Omelett zusagte! »Danke sehr, mein Freund.«

»Wenn es Mrs Hamilton alias Smith nur darum ging, dass Hastie nichts Frauenfeindliches schreibt, warum hat sie ihm das nicht einfach gesagt?«

»Das hat sie ja getan, Alberto.«

»Du meinst die anonymen Briefe?«

»Es ist auch möglich, dass sie Torquil als Seminarteilnehmerin darauf ansprach. Als er noch nicht wusste, dass sie die Briefeschreiberin war. Oder sie ging ihn im Interview darauf an.«

»Hat er das bestätigt?«

»Nein, Torquil kann sich nicht daran erinnern.«

»Meinst du, Mrs Hamilton wollte sich als Vertreterin der Me-Too-Bewegung einen Namen machen?«

»Falls ja, hat sie zu lange gewartet, um an die Öffentlichkeit zu treten.«

»Hat Hastie dem Statement zugestimmt?«

»Es bedurfte einer gewissen Überzeugungsarbeit. Zunächst erläuterte ich ihm, dass viele seiner Formulierungen sexistisch sind.«

»Wirkte das?«

»Ich sagte ihm auch, dass es die einzige Option ist, um Mrs Hamilton zu neutralisieren und dass andere Menschen auf den Zug aufspringen könnten. Welches Argument den Ausschlag gab, vermag ich nicht zu sagen.«

»Hast du ihm erklärt, dass er weniger Bücher verkaufen würde?«

»Natürlich, ja. Den Anfang hätte die Scotch Whisky Association gemacht.«

»Das ist der Destillerie-Verband?«

»Genau, dann folgten Destillerien und Zeitschriften.«

»Wie hat er das Statement so schnell hinbekommen?«

»Er konnte auf meinen Vorschlag zurückgreifen. Alle Abnehmer, wichtige Zeitungen, journalistische Freelancer, Influencer und Ikonen der Whisky-Welt erhielten seine Bekundungen. Im Internet gibt es bereits sehr positive Resonanz.«

»Du hättest sehen sollen, wie hastig Mrs Hamilton-Smith unser Guest-House verließ. Sie hat sogar die drei noch ausstehenden Tage bezahlt.«

»Da die Täterin ermittelt ist, müssen wir auch nicht mehr nachforschen, ob sie Unterstützung hatte. Anonyme Anrufe wie auch Farbverunstaltungen gehen meines Erachtens auf jugendliche Rowdys in der Nachbarschaft zurück.«

»Unterstützung von den anderen Seminarlingen? Mrs Milne?«

»Es könnte sein. Aber mein Gefühl sagt mir, dass die beiden sich erst in der Akademie kennenlernten. So wird es auch mit der Chefsekretärin sein.«

»Du hast mir noch nichts Genaues von eurem Gespräch erzählt.«

»Wirklich nicht?«, fragte Angus amüsiert.

»No!«

»Sie hat nichts damit zu tun.«

»Können wir ihr glauben?«

»Ich denke schon. Die Frau brach in Tränen aus, als ich sie nach Zeugnissen fragte, zeigte mir auch welche. Allerdings ist sie keine Chefsekretärin, sondern nur gewöhnliche Sekretärin.«

»Hm, ich weiß nicht …«

»Mrs Gilchrist hat mir sogar gebeichtet, dass sie einen anderen Detektiv im Auge hatte. Einen netten jungen Mann, für den sie sich interessierte.«

»Du hast sie danach gefragt?«

»Schwerlich, denn ich wusste ja nichts davon. Nein, all das sprudelte förmlich aus ihr heraus, und am Ende fühlte sie sich viel besser.«

»Warum haben wir im Internet nichts über sie gefunden?«

»Weil niemand etwas hineinstellte. Wir sollten uns von der Vorstellung verabschieden, dass die reale Welt eins zu eins im virtuellen Raum abgebildet ist.«

»Gründete dein Bekannter die Akademie, um ein neues, finanzielles Standbein zu haben?«

»Wer weiß? Er müsste allerdings sehr viele Seminare anbieten, um passabel Geld zu verdienen. Das scheint er nicht so recht bedacht zu haben.«

»Vielleicht wollte er sein Selbstwertgefühl pflegen. Wo doch schon sein Almanach im Eimer ist. Angus, mal was anderes: Das Omelett kannst du in dein neues Buch aufnehmen.«

»Vielen herzlichen Dank. Freut mich.«

»Noch eine Frage: Die anderen Seminarmenschen waren sauer, weil du dich nicht an den Plan gehalten hast?«

»Davon gehe ich aus.«

»Wenn nur der Deutsche jetzt abreisen würde.«

»Soll Meiklejohn noch bleiben?«

»Hör mir mit dem auf. Neuerdings belegt er beim Frühstück einen zweiten Tisch, um seine Pläne auszubreiten!«

»Zeichnet er jetzt auch?«

»Leider ja, für den Bau seiner Edinburgher Whisky-Destillerie. Hat gerade jemand an der Tür geläutet? Erwartest du Besuch?«

»Nein. Ich schaue besser mal nach.« MacDonald ging mit der Kochschürze zum Eingang und öffnete. »Reginald, welch unerwartetes Vergnügen.« Der Butler trat zum ersten Mal, seitdem Angus ihn kannte, unrasiert auf. »Haben Sie heute Ihren freien Tag?«, rutschte es ihm heraus, weil ein Gentleman so niemals das Haus verließ. Selbst in den eigenen vier Wänden kam allenfalls schwere Krankheit als Entschuldigung in Betracht.

»Guten Tag. Störe ich Sie beim Kochen, Sir?«

Unter anderen Umständen hätte Reginald sich eine rügende Frage verdient, denn von Unterstützung beim Fall konnte man nicht mehr reden. Doch sein Auftritt verhieß nichts Gutes. Der Butler hatte dicke Ringe unter den Augen. Zerknittert war sein Jackett und das Hemd schlecht gebügelt. »Gar nicht, Reginald, treten Sie bitte ein. Mein guter Freund, Mister Vitiello, ist auch zugegen.«

»Da Sie Besuch haben, gehe ich besser wieder.«

»Nein, folgen Sie mir bitte.«

In der Küche räumte der Italiener das Geschirr in die Spülmaschine. Als er die beiden sprechen hörte, kam er ins Wohnzimmer zurück. »Hallo, Mister Reginald. Angus, ich wollte gerade gehen.«

»Nicht wegen mir, Mister Vitiello.«

»Ja, Alberto, bleibe bitte noch.«

Den Blick, den Angus ihm dabei zuwarf, konnte man nur als fordernd bezeichnen, ein freundliches, aber ultimatives Bitten.

»Mister MacDonald, Sie haben sich sicher gewundert, warum ich mein Versprechen brach?«

»Ist halb so schlimm.«

»Doch, ich finde schon. Was man zusagt, sollte man einhalten.«

»Wie können wir Ihnen helfen, Reginald?«

»Ich befinde mich in einem außergewöhnlichen Zustand …«

»Haben Sie Geldprobleme?«

»Alberto, das geht zu weit!«

»So unberechtigt ist die Frage nicht, Mister MacDonald. Doch ich darf das verneinen. Es handelt sich um eine Dame.«

»Griselda Armour«, rief Alberto.

»Ist das so offensichtlich, Mister Vitiello?«

»Es ist die letzte Frau, mit der ich Sie gesehen habe.«

»Mein Freund vermag bestimmt kurze Zeit zu schweigen …«

»Sisi«, bestätigte Alberto, »kann ich.«

»Seitdem wir zusammen Haggis schleuderten, ist es um mich geschehen.«[5]

»Bin kein großer Fan vom gefüllten Schafsmagen.«

»Alberto!«

»Scusa. Wird nicht wieder vorkommen.«

»Reginald, Ihre Zuneigung zu Mrs Armour verstärkte sich beim Schleudern der Haggis noch? Ist es so?«

»Ach, Mister MacDonald, wenn ich nur auch so gewählt reden könnte.«

»Das können Sie doch, Reginald.«

»Meinen Sie, Sir?«

»Sicher, nur Mut.«

»Wie bin ich froh, dass Sie das sagen. Darf ich Ihnen etwas präsentieren?«

MacDonald hoffte inständig, dass es im Rahmen des Gebührlichen blieb. »Aber ja, Reginald. Machen Sie nur.« Der Butler zog ein Blatt Papier aus der Tasche und kniete vor ihm nieder. »Das muss wirklich nicht sein.«

»Im Rahmen meiner Darbietung ist es zwingend notwendig, dass ich knie, Sir.«

»Also gut«, antwortete MacDonald mit flauem Gefühl im Magen, als Reginald auch schon ein Kästchen auf den Tisch

---

[5] Reginald spielt hier auf den letzten Fall der Detektive »Bittere Orangen im Glas« an.

legte, seine Hand ergriff und anhob: »Wir kennen uns nun schon eine ganze Weile und ich …«

»Nicht zu fassen!«

»Karen! Wie bist du reingekommen?«

»Die Tür war nicht richtig geschlossen. Ich hätte wohl besser klingeln sollen.«

»Nein, ich bin nur überrascht, angenehm, meine ich.«

Karen Miller sah zum Kästchen auf dem Tisch. »Damit hätte ich nie gerechnet, Angus!«

»Wie meinst du das?«

»Es ist nicht so, wie es aussieht, Doktor Karen«, sagte Alberto in einem Versuch zu vermitteln.

»Bitte, sehr?«, fragte MacDonald verwirrt.

»Wie schön, dass der Trauzeuge dabei ist«, sagte Karen und rannte weg.

»So warte doch, meine Gute. Wie von der Tarantel gestochen! Was habe ich denn verbrochen? Kann mir das bitte jemand sagen?«

»Sehr einfach, Angus. Deine Verlobte denkt, dass Reginald dir einen Heiratsantrag machte.« Alberto nahm auf dem Teppich Platz und kringelte sich vor Lachen und selbst Reginald wurde wieder heiter.

»Whisky für alle!«, sagte Angus und schenkte doppelte Drams mit zehnjährigem Ardbeg aus.

Rezepte

Veggie Comfort Food

Mit Soul Food oder Comfort Food, wie es in Schottland heißt, werden herzhaft-deftige, schwere Gerichte assoziiert. Angus MacDonald zeigt, dass es auch anders geht. Comfort Food kann gut munden, leicht sein und sogar vegetarisch daherkommen, alles nach dem Motto »Erlaubt ist, was schmeckt.« Mit wenigen Ausnahmen (Caprese revisited, Whisky-Risotto, Sauerkraut-Omelett etwa) sind die Rezepte sogar vegan konzipiert. Da Veganerinnen und Veganer kulinarisch-kreative Menschen sind, wird es ihnen leicht fallen, die Käsesorten der genannten Rezepte gewinnbringend zu ersetzen.

Angus erfindet schottische Klassiker neu, schaut über die Inselgrenzen hinaus und verwendet mit Passion die Produkte des Landes: Kartoffeln alias Tatties, Rüben/Neeps, Grünkohl/Kale, Hafer, Rapsöl, Honig, Whisky, Gin etc.

Weitere kulinarische Postulate lauten folgendermaßen:

- Mit möglichst wenigen Zutaten soll ein Höchstmaß an Geschmack erzeugt werden.

- Kombiniert werden Ingredienzien, die sich noch nicht kennen.

- Alle Gerichte müssen einfach zu kochen sein und für ein wohliges Gefühl sorgen, ohne im Bauch zu drücken.

- Wo Soul Food ist, gibt es auch Soul Drinks. Ein Begriff, der noch fehlte, inklusive der Rezepte.

Frühstück

Festive Porridge

Angus liebt Porridge. Hier kredenzt er uns seine Feiertagsversion.

Zutaten für zwei kleine Portionen

- eine Clementine à 150 g
- 150 g Feinblatt-Haferflocken
- 400 ml Wasser
- eine Msp. Meersalz
- eine Msp. gemahlener schwarzer Pfeffer
- ein EL Blütenhonig
- ein EL »Hafersahne« (z. B. als Hafer Cuisine bekannt und in Bio-Märkten erhältlich)
- ein bis zwei EL Salatkerne-Mix (Sonnenblumenkerne, Kürbiskerne, Sojakerne etc.)

Und so wird's gemacht

Clementine schälen. Segmente in zwei Teile schneiden. Faserige Teile dabei entfernen.
Haferflocken und Wasser in einen Topf geben. Aufkochen. Unter Rühren etwa eine Minute weiterkochen.
Topf vom Herd nehmen. Clementine, Salz und Pfeffer dazugeben, Deckel auflegen und alles etwa drei Minuten ziehen lassen. Honig und Hafersahne einrühren.

Porridge in Müslischalen geben und den Salatkerne-Mix dekorativ darauf verteilen.

Hafer-Mandel-Reis

Prognose: Vollmilch wird bei diesem Gericht sehr wahrscheinlich niemand missen.

Zutaten für zwei Portionen

- 500 ml Hafer-Mandel-Drink
- 150 g Milchreis
- drei EL Bio-Ananas (aus dem Glas)
- ein TL gemahlene Haselnüsse
- ein EL Agavendicksaft
- eine Msp. gemahlener Anis

Und so wird's gemacht

Hafer-Mandel-Drink und Milchreis in einen Topf geben. Aufkochen, dann 15-20 Minuten köcheln lassen, je nach gewünschter Bissfestigkeit.
Ananas klein schneiden. Mit dem Rest der Zutaten einrühren und alles noch etwa zwei Minuten köcheln.

Baked Beans

In Großbritannien werden Baked Beans gerne zum Frühstück serviert. Aber auch zu späterer Stunde munden sie.

Zutaten für zwei Portionen

acht Soft-Aprikosen
250 g Tomaten
ein EL Sonnenblumenöl
250 g gekochte weiße Bohnen
ein EL Apfelsüße
ein EL Limettensaft
ein EL Sojasoße Shoyu-Art
ein EL Apfelessig oder Rotweinessig
ein halber TL gemahlener Ingwer
ein TL gemahlener, schwarzer Pfeffer
eine Msp. Meersalz

Und so wird's gemacht

Soft-Aprikosen vierteln.
Tomaten waschen und dann klein schneiden.
Öl in einer großen Pfanne erhitzen. Aprikosen, Tomaten und Bohnen dazugeben.
Unter Rühren bei mittlerer Hitze etwa fünf Minuten kochen, bis alles schön heiß ist. Vom Herd nehmen und den Rest der Zutaten einrühren.
Alles bei mittlerer Hitze noch etwa eine halbe Minute kochen.

Ananas-BBQ-Jam

MacDonald senior, ein Fan der amerikanischen Südstaaten, quälte Angus sehr lange, bis dieser eine Marmelade mit BBQ-Geschmack für ihn entwickelte. Was dieser zunächst für einen Widerspruch hielt, entpuppte sich als gelungenes Experiment.

Zutaten für etwa 1,2 l Marmelade

685 g Ananas (405 g Ananas und 280 ml Einmachflüssigkeit)
500 g Äpfel
200 ml Wasser
ein TL geräuchertes Paprikapulver (z. B. von www.spicebar.de)
500 g Gelierzucker

Und so wird's gemacht

Ananas mit Flüssigkeit in den Einmachtopf geben.
Äpfel schälen, vom Kerngehäuse befreien, klein schneiden und mit dem Wasser in den Topf geben.
Alles aufkochen, dann auf mittlere Hitze reduzieren. Paprikapulver dazugeben. Topfinhalt etwa 15 Minuten kochen, bis alles püriert werden kann.
Pürieren.
Gelierzucker einrühren.
Mindestens drei Minuten sprudelnd kochen, bis die Marmelade geliert. Darauf achten, dass nichts anhängt.
Nach dem Abfüllen gut einen Monat relaxen lassen.

Suppen

Kartoffelsuppe

»Eben darum geht es beim Schauen über den schottischen Tellerrand«, wird Angus nicht müde zu erklären, »Kartoffeln wie Grünkohl sind bei uns beliebt und thailändisches Essen auch. Warum also nicht beides verbinden, wenn dabei Comfort Food entsteht?«

Zutaten für zwei Portionen

- 500 g festkochende Kartoffeln
- 200 g Zucchini
- 200 g Grünkohl
- eine mittelgroße Zwiebel
- ein EL Sonnenblumenöl
- 450 ml Kokosdrink
- 250 ml Wasser (350 ml für diejenigen, die sämige Suppen nicht mögen)
- ein EL Thai-Currypulver
- ein EL grobes Meersalz
- gemahlener schwarzer Pfeffer nach Belieben

Und so wird's gemacht

Kartoffeln schälen und in kleine Stücke schneiden. Zucchini waschen und ebenfalls klein schneiden. Grünkohl waschen, von den Stielen befreien und grob zerkleinern.
Zwiebel schälen und klein schneiden.
Öl in einem großen Topf stark erhitzen. Zwiebeln, Kartoffeln und Zucchini dazugeben.
Bei mittlerer Hitze etwa eine Minute braten.
Mit Kokosdrink und Wasser auffüllen. Grünkohl, einen Teelöffel des Thai-Currypulvers und die Hälfte des Salzes dazugeben.

Bei starker Hitze mindestens 30 Minuten kochen, bis die Kartoffeln püriert werden können. Wer unsicher ist, probiert ein Kartoffelstückchen.
Topfinhalt pürieren.
Rest der Gewürzmischung und des Meersalzes einrühren und alles noch einige Sekunden weiterkochen.
In zwei Suppenteller geben und nach Belieben pfeffern.

Maissuppe

Aus Mais lässt sich nicht nur Bourbon für MacDonald senior herstellen, sondern auch eine schmackhafte Suppe.

Zutaten für zwei Portionen

500 ml Mais (320 g Mais, 180 ml Einmachflüssigkeit)
500 ml Wasser
drei TL Limettensaft
ein TL grobes Meersalz
vier EL Hafermehl (feinste Stufe einer Getreidemühle)
ein TL grob gemörserte (Whisky-)Pfefferkörner
drei Umdrehungen mit der Pfeffermühle (schwarzer Pfeffer)

Und so wird's gemacht

Mais mit Einmachflüssigkeit und Wasser in einen Topf geben und zum Kochen bringen.
Limettensaft und Meersalz einrühren und etwa fünf Minuten bei mittlerer Hitze kochen.
Topfinhalt grob pürieren.
Hafermehl und Pfefferkörner einrühren. Weitere fünf Minuten kochen.
Suppe auf zwei Teller verteilen und schwarzen Pfeffer darauf verteilen.

Erbsensuppe

Gerichte mit Meeresalgen sind in Schottland keine Seltenheit: Angus holt mit ihnen die klassische Erbsensuppe aus der kulinarischen Mottenkiste. Als Turbolader wirkt Gin.

Zutaten für zwei Portionen

450 g Tiefkühlerbsen
acht EL Backerbsen
100 ml (schottischer) Gin
500 ml Gemüsebrühe
zwei EL Algen
zwei EL Honig
drei Umdrehungen mit der Pfeffermühle (schwarzer Pfeffer)

Und so wird's gemacht

Erbsen in einen Topf geben, Deckel auflegen und über Nacht auftauen lassen.
Backerbsen in eine Schüssel geben. Gin einfüllen, umrühren, Deckel auflegen und über Nacht relaxen lassen.
Am nächsten Tag Gemüsebrühe zum Kochen bringen. Erbsen, Algen und Honig dazugeben.
Topfinhalt etwa fünf Minuten bei mittlerer Hitze kochen. Dann grob pürieren.
Suppe auf zwei Teller verteilen. Backerbsen abgießen und darauf verteilen. Pfeffer über die Teller streuen.

Vorspeisen / Beilagen

Karottensalat

Auch Karotten freuen sich über ein unübliches Dressing.

Zutaten für zwei Portionen

400 g Karotten
vier EL Rapsöl
ein EL Kokossirup
ein halber TL fruchtiges Chilipulver (z. B. aus roten Jalapenos)
ein EL Limettensaft
ein EL Apfelessig oder Weißweinessig

Und so wird's gemacht

Karotten schälen und in eine Schüssel raspeln.
Restliche Zutaten mischen und unterheben.

Caprese revisited

Caprese mal anders: zu frischen Tomaten und Mozzarella gesellen sich saftige Mangos und getrocknete Tomaten. Der Himbeeressig zaubert einen schönen Kontrast.

Zutaten für zwei Portionen

200 g frische Mango
100 g getrocknete Tomaten
250 g frische Tomaten
250 g Mozzarella
drei EL Himbeeressig
eineinhalb TL gemörserte (fermentierte) Pfefferkörner
ein EL getrocknete, gemörserte Minze

Und so wird's gemacht

Mango schälen und in Scheiben schneiden. Getrocknete Tomaten halbieren.
Frische Tomaten waschen und in Scheiben schneiden.
Mozzarella in Scheiben schneiden. Alle vier Zutaten nebeneinander auf einer Platte oder einem länglichen Teller arrangieren.
Himbeeressig auf den Mangos verteilen.
Pfefferkörner auf die Mozzarellascheiben geben.
Minze auf die Tomatenscheiben streuen.
Die getrockneten Tomaten haben bereits genug Aroma.

Tipp: Anstatt Mangos können Sie auch Pflaumen verwenden. Birnenessig ersetzt Himbeeressig.

Meerrettich-Wasabi-Spargel

Wie geschickt man sich beim Verteilen der Soße auch anstellt, einige Spargel bleiben unbedeckt. Doch bei Angus MacDonald bekommen alle Beteiligten etwas ab.

Zutaten für eine Portion

250 g grüner Spargel
ein TL Meersalz
ein TL Rohrohrzucker
drei EL Soja-Sahne
zwei EL Meerrettich-Wasabi-Paste

Und so wird's gemacht

Spargel waschen und in ein Zentimeter kleine Stücke schneiden. Die weißen Enden dabei entfernen.
Ausreichend Wasser aufkochen. Salz und Zucker dazugeben. Spargelstücke etwa 15 Minuten bei mittlerer Hitze kochen. Das Kochwasser mit Ausnahme von zwei EL abgießen. Diese zurück in den Topf gießen, gefolgt von Soja-Sahne, Meerrettich-Wasabi-Paste und Spargelstücken. Unter Rühren etwa zwei Minuten bei niedriger Hitze kochen.

Zitronengras-Kartoffelbrei

Kartoffelbrei, das beliebte schottische Gericht, wird mit Zitronengras und Senf bekannt gemacht.

Zutaten für vier Portionen

900 g mehlige Kartoffeln
200 ml Hafermilch
zwei EL zimmerwarme Haferbutter
ein TL Meersalz
zwei EL getrocknetes Zitronengras
ein EL getrockneter Majoran
zwei EL gemahlene Haselnüsse
ein EL süßer Senf

Und so wird's gemacht

Kartoffeln schälen, zerkleinern und gar kochen. Das Wasser abgießen. Die Kartoffeln wieder in den Topf geben und einige Sekunden rühren, bis der Rest der Flüssigkeit verdampft ist. In eine Schüssel geben. Entweder mit einem Stampfer zerdrücken oder durch eine Presse drücken.
Hafermilch erhitzen.
Butter in die Kartoffeln rühren, dann Gewürze, Haselnüsse und Senf.
Etwa 150 ml Hafermilch einrühren. Wenn der Kartoffelbrei noch nicht cremig genug ist, den Rest der Hafermilch einrühren.

Hauptgänge

Whisky-Risotto

Weil Angus diesen Risotto gerne isst, hat er die Zutaten immer im Haus. Anstatt Weißwein verwendet er Scotch Whisky. Der Reis soll am Ende bissfest sein, nicht zu weich gekocht. Wenn Sie Novize sind, kosten Sie immer wieder mal.

Zutaten für zwei Portionen

900 ml Gemüsebrühe
200 g rote Zwiebeln
ein EL vegane Butter oder Haferbutter
250 g Risottoreis, z. B. Carnaroli
ein TL grobes Meersalz
ein TL gemörserter, gerösteter Bio-Knoblauch (z. B. von www.spicebar.de)
100 ml Blended Scotch Whisky, z. B. The Famous Grouse oder, wenn eine leicht getorfte Variante gewünscht wird: Teachers
100 g Soft-Tomaten
ein TL gemahlener schwarzer Pfeffer
fünf EL Parmesan

Und so wird's gemacht

Gemüsebrühe zubereiten und warm halten.
Zwiebeln schälen und in kleine Stücke schneiden.
Butter in einem Kochtopf stark erhitzen und die Zwiebelstücke darin glasig dünsten.
Reis dazugeben, gut verrühren und etwa eine halbe Minute bei mittlerer Hitze rösten.
Mit Gemüsebrühe auffüllen, bis diese etwa eineinhalb Zentimeter über dem Reis steht. Salz, gerösteten Knoblauch und 50 ml Blended Scotch dazugeben.
Soft-Tomaten klein schneiden und ebenfalls dazugeben.

Risotto etwa 15 Minuten bei mittlerer Hitze kochen. Gelegentlich umrühren.
In den folgenden 15 Minuten immer wieder mit Gemüsebrühe auffüllen und den Risotto regelmäßig umrühren. In den letzten Minuten muss fast ständig gerührt werden, bis die meiste Flüssigkeit verdampft ist und der Arm tüchtig weh tut, wie Signor Cipriani von »Harry's Bar« in Venedig sagte!
Rest des Whiskys unterrühren, gefolgt von Pfeffer und Parmesan.
Risotto auf zwei tiefen Tellern anrichten.
Dazu passt italienisches Landbrot oder Weißbrot. Als Vorspeise kann zum Beispiel ein Salat serviert werden.

Kürbis-Curry

Ein Curry, das fast jedem schmeckt. Dazu passen Basmati-Reis, Fladenbrot und ein Becher Lassi.

Zutaten für vier Portionen

- ein l Gemüsebrühe
- 100 g Zwiebeln
- 400 g Staudensellerie
- 1 kg Hokkaido-Kürbis
- ein EL Sonnenblumenöl
- ein EL vegane Butter oder Haferbutter
- 100 g Cashewnüsse
- drei TL gemahlener Koriander
- ein halber TL gemahlene Chiliflakes (bzw. ein TL, wenn es etwas schärfer sein darf)
- ein TL gemahlener Kurkuma
- ein EL Meersalz
- ein halber TL gemahlener Zimt

Und so wird's gemacht

Gemüsebrühe zubereiten und warm halten.
Zwiebeln schälen und in kleine Stücke schneiden.
Staudensellerie waschen, abtrocknen und in kleine Stücke schneiden.
Kürbis unter fließend warmem Wasser gut abbürsten. Abtrocknen und in mundgerechte Stücke schneiden. Öl und Butter in einem großen Topf erhitzen. Zwiebeln und Staudensellerie dazugeben und bei mittlerer Hitze braten, bis die Zwiebeln glasig sind.
Kürbis, Cashewnüsse und Gewürze mit Ausnahme des Zimts und eines halben Teelöffels Koriander dazugeben.
Mit der Gemüsebrühe auffüllen und abermals aufkochen.

Etwa 15 Minuten bei mittlerer Hitze kochen, bis die Kürbisstücke gar sind.
Zimt und restlichen Koriander dazugeben.

Omelett mit Sauerkrautfüllung

Der Friulaner Alberto liebt Sauerkraut, und weil auch Seminarteilnehmer Kimmekörnle, der Wendelin, davon schwärmt, entwickelte MacDonald ein Rezept. Dazu schmeckt geraspelter Rotkohl, mit Rapsöl und Himbeeressig angemacht.

Zutaten für zwei Portionen

zwei EL Sonnenblumenöl
etwa sieben EL Sauerkraut
drei Eier
drei EL geriebener Käse, zum Beispiel Cheddar oder Parmesan
ein TL Chilisoße (flüssig erhältlich)
ein halber TL schwarzer Pfeffer

Und so wird's gemacht

Einen EL Öl in einer Pfanne auf mittlere Hitze bringen. Das Sauerkraut zwei, drei Minuten darin braten.
Die Eier nacheinander in einer Schüssel aufschlagen. Sauerkraut, Käse, Chilisoße, und Pfeffer dazugeben.
Restliches Öl in der Pfanne medium erhitzen. Zutaten aus der Schüssel dazugeben, auf beiden Seiten mehrere Minuten braten und dann zusammenklappen.
Das Gericht auf zwei Tellern verteilen und beide Portionen nach Belieben noch einmal pfeffern.

Green BBQ Haggis

Der Autor dieses Buches fühlt sich geehrt, dass Vincent Klink sein Kochbuch mag (»Schottisch kochen« hat es mir angetan …) und in seinem Stuttgarter Sterne-Restaurant »Wielandshöhe« das Nationalgericht Haggis servierte, dem Winterschen Rezept folgend, »Herz-Leber-Lung vom Alblamm« genannt, nicht in der gewohnten, großen Hülle, sondern in Form von Würsten. Inspiriert von dieser glänzenden Idee, auf die nur ein meisterlicher Koch kommt, hier ein Rezept für eine ebenfalls neue Gestalt. Anstatt Haggis in einer Hülle zu kochen und anschließend wieder aufzuschneiden, lassen wir ihn gleich »unverpackt«. Das spart Kochzeit, Energie, und weil weniger Hafermehl erforderlich ist, kommt mehr Geschmack ins Spiel. Dazu passt eine Soße aus Tomaten und Bier: siehe Seite 233. Zu Haggis isst man traditionell auch Tatties/Kartoffeln und Neeps/Rüben, als einzelne Pürees oder gemischt.

Zutaten für vier Portionen

750 ml Gemüsebrühe
200 g Zwiebeln
200 g Lauch
250 g Auberginen
zwei EL Sonnenblumenöl
240-250 g gekochte schwarze Bohnen
450 g Tiefkühlerbsen
ein EL grobes Meersalz
ein EL schwarzer Pfeffer
ein EL getrocknete Petersilie
zehn EL gemahlener Hafer (auf der feinsten Stufe einer Getreidemühle gemahlen)
ein EL geräucherter Pfeffer (z. B. von www.spicebar.de)
ein TL geräuchertes Paprikapulver (z. B. von www.spicebar.de)

Und so wird's gemacht

Gemüsebrühe zubereiten und warm halten.
Zwiebeln schälen und grob zerkleinern.
Vom Lauch den weißen Teil waschen, abtrocknen und klein schneiden.
Auberginen waschen und abtrocknen. Enden kappen und den Rest in mundgerechte Stücke schneiden.
In einem großen Kochtopf das Öl auf mittlere Temperatur erhitzen. Zwiebeln und Lauch darin glasig dünsten.
Auberginen dazugeben, dann Bohnen, Erbsen und Gemüsebrühe.
Mit Meersalz, schwarzem Pfeffer und Petersilie würzen.
Topfinhalt gut 20 Minuten bei mittlerer Hitze kochen, dann grob pürieren, also nicht zu einer völlig gleichförmigen Masse.
Hafer einrühren und noch etwa zwei Minuten bei mittlerer Hitze kochen. Bitte Vorsicht walten lassen und einen Kochlöffel mit langem Stiel benutzen, da der Haggis nun gerne stark blubbert.
Geräucherten Pfeffer und geräuchertes Paprikapulver einrühren.

Weitere Rezepte mit Haggis finden sich im oben genannten Kochbuch sowie in den Krimi-Komödien »Dicke Luft in der Küche« und »Süffiger Single Malt für MacDonald«.

Tomaten-Bier-Soße

Eine sämige, rote Soße, die sich vom grünen Haggis schön abhebt.

Zutaten für vier Portionen

300 g mehligkochende Kartoffeln
500 ml dunkles Bier, z. B. Stout oder Export
800 ml Tomatenstücke (480 g Abtropfgewicht)
ein TL grobes Meersalz
ein TL schwarzer Pfeffer
ein TL (geräuchertes) Paprikapulver (z. B. von www.spicebar.de)
ein EL Vielblütenhonig

Und so wird's gemacht:

Kartoffeln schälen, klein schneiden. Mit Bier, Tomaten und deren Flüssigkeit in einen Kochtopf geben. Erhitzen, dann auf mittlere Hitze reduzieren.
Salz, Pfeffer, Paprikapulver und Honig dazugeben.
Etwa 30 Minuten kochen, bis die Kartoffeln püriert werden können.
Pürieren.
Nach Belieben noch einmal pfeffern.

Drinks

Ingwer-Limette-Tee

Im Winter eine Wohltat, aber auch in heißer Zeit nicht zu verachten. Kandierter Ingwer lässt den beiden anderen Aromen ihren Spielraum.

Zutaten für eine Portion

ein EL kandierter Ingwer
300 ml heißes, nicht mehr kochendes Wasser
ein EL Limettensaft
ein EL Waldhonig

Und so wird's gemacht

Kandierten Ingwer in einen Teebecher geben und mit dem Wasser aufgießen. Einen Deckel darauf legen. Etwa drei Minuten ziehen lassen.
Ingwer entfernen.
Limettensaft und Waldhonig einrühren.

New Scottish Coffee

Es war höchste Zeit, Irish Coffee heiße Gesellschaft zu geben. Diese Version verzichtet auf Sahne und bringt Würze ins Spiel.

Zutaten für eine Portion

250 ml Wasser
drei EL gemahlener Kaffee
eine Msp. gemahlener Sternanis
ein EL Vanillesirup
ein EL Kaffeelikör
zwei EL Scotch, z. B. Johnnie Walker Blond

Und so wird's gemacht

Wasser kochen. Kaffee und Sternanis in einem Kaffeefilter verrühren und auf einen Becher stellen.
250 ml heißes, nicht mehr kochendes Wasser in Etappen in den Filter gießen.
Den Filter zur Seite stellen.
Vanillesirup, Kaffeelikör und Whisky in den Kaffee rühren.

IPG/India Pale Gin

IPA steht für India Pale Ale, einst in Großbritannien kreiertes Bier, das sehr stark gehopft wurde, um es für die lange Seefahrt nach Indien haltbar zu machen.

Zutaten für eine Portion

vier cl London Dry Gin
200 ml IPA
eine halbe Limettenscheibe
eine Msp. Salted Caramel (z. B. von www.spicebar.de) oder Fleur de Sel

Und so wird's gemacht

Ein ballonförmiges Ginglas mit ausreichendem Fassungsvermögen (zur Not auch ein großes Rotweinglas) zur Hälfte mit Eiswürfeln füllen.
Das Eis mit einem Löffel umrühren, um das Glas zu kühlen.
Gin dazugeben, dann IPA, Limettenscheibe und Salted Caramel.

Cola-Drink

Eine schottische Variante (gar Verbesserung?) der bekannten Döschen von Jack Daniel's und Jim Beam. Hier tritt der Whisky nicht zu mächtig auf, und die drei geschmacklichen Komponenten halten sich die Waage. Am besten lässt sich der Drink ohne Eis und ungekühlt genießen.

Zutaten für eine Portion

200 ml Bio-Cola von Lammsbräu
vier cl Johnnie Walker Blonde
vier cl Cranberry-Saft

Und so wird's gemacht

Die Zutaten nacheinander in ein ballonförmiges Ginglas gießen. Umrühren.

Whiskys, die im Buch erwähnt werden

- The Clydeside »Stobcross«, Region Lowlands, Destillerie gegründet im Jahr 2017. Mögliche Jahresproduktion: 500.000 Liter, Seiten 17 und 78
- Aultmore, 12 y. o., Region Speyside, Destillerie gegründet im Jahr 1896. Mögliche Jahresproduktion: 3,2 Millionen Liter, S. 84
- Benromach, 10 y. o., Region Speyside, Destillerie gegründet im Jahr 1898. Mögliche Jahresproduktion: 700.000 Liter, S. 107
- Glen Scotia »Double Cask«, Region Campbeltown, Destillerie gegründet im Jahr 1832. Mögliche Jahresproduktion: 800.000 Liter, S. 133
- Ardnamurchan, Region Highlands, Destillerie gegründet im Jahr 2014. Mögliche Jahresproduktion: 500.000 Liter, S. 163
- Royal Brackla, 12 y. o., Region Highlands, Destillerie gegründet im Jahr 1812. Mögliche Jahresproduktion: 4,24 Millionen Liter, S. 182
- Ardbeg, 10 y. o., Region Islay, Destillerie gegründet im Jahr 1815. Mögliche Jahresproduktion: 2,1 Millionen Liter, S. 202

Glossar schottischer wie whiskyhafter Begriffe und Personen

Bootlegger: Jemand, der z. B. illegal Alkohol/Whiskey herstellt, kopiert oder verkauft. Whiskey ist hier in der amerikanischen Schreibweise mit einem »e« zu lesen, weil der Begriff Bootlegger in den USA gebräuchlicher ist.

Duke of Atholl: Er darf sich als Einziger in Europa eine Privatarmee halten. Diese Peerage hat Königin Anne im Jahr 1703 für John Murray eingeführt.

Jim McEwan: Wer die Freude hatte, Jim McEwan einmal zu treffen, verbringt mit seiner Autobiografie »A Journeyman's Journey« sehr angenehme Stunden. Aber auch Novizen werden sich gerne in sein Leben und seine Geschichten vertiefen. Das Buch wurde (mit Hilfe von Co-Autor Udo Sonntag) verfasst, als ob der große Mann des Whiskys direkt zu einem spricht, natürlich mit seinem gewohnten Humor.

Im zweisprachigen »Isle of my Heart«, der Ergänzung zu den Memoiren, stellt uns McEwan seine Insel vor. Wer sich (im Moment) nicht auf Islay aufhalten kann, greift zu diesem Buch. Eine Reise steht dann mit Sicherheit bald wieder an.

Lowland-Destillen: Zwanzig Betriebe gibt es mittlerweile wieder in dieser Whisky-Region. Horay!

Ring of Brogar: Der Kreis mit Steinen ist eine der größten Attraktionen der Orkneys. Erbaut wurde er zwischen 2500 und 2000 vor Christus. Von ursprünglich 60 Megalithen sind noch 27 erhalten.

St Magnus Cathedral: Sie ist auch bekannt als Licht des Nordens. Erbaut wurde die Kathedrale im Jahr 1137 von Wikinger Graf Rognvald und Kollegen. Die Orkneys gehörten damals noch zu Norwegen.

Uisge Beatha: Treue Leserinnen oder Leser mögen einwenden: »Aber Herr Winter, dieses Stichwort erwähnten Sie bereits im Glossar des ersten Bandes der Reihe, »Das Auge des Feinschmeckers«. Ihnen sei herzlich erwidert: »Ja, so ist es.« Doch erstens nur in knapper Form und zweitens (noch wichtiger) lässt sich Erkenntnisfortschritt auch in der Whisky-Welt (fast hätten wir Whisky-Wissenschaft geschrieben) nicht aufhalten. In seinem Buch »The Whisky Dictionary«, das wärmstens zu empfehlen ist, erläutert der Fachmann Iain Hector Ross, dass Uisge Beatha im Laufe der englischen Okkupation (nach 1746) zu Whisky verballhornt wurde. Denn alle gälischen Worte und Namen mussten englisch geschrieben und ausgesprochen werden. Ross, ein Gälisch sprechender Highlander, nennt die acht Zwischenschritte (Uisge Beatha, Usqeba … Ushka und Whiska). Bittere Ironie hierbei: Das gälische Alphabet besitzt die Buchstaben w, k, und y nicht, und von Uisge Beatha blieben nur h, i und s.

Frank Winter
Das Auge des Feinschmeckers
Schottland-Krimi mit Rezepten
Mord und Nachschlag 12

ISBN 978-3-946938-30-9
Broschur
286 Seiten
16,90 €

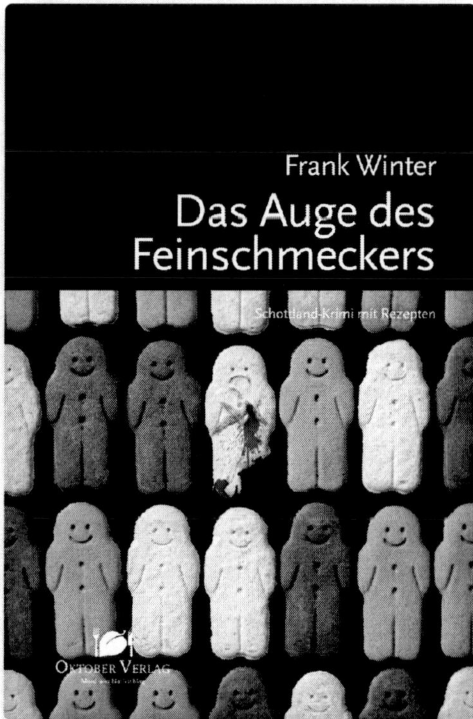

Unglaublich, was für ein abscheuliches Gericht man Angus MacDonald in einem mexikanischen Restaurant in Edinburgh serviert. Der bedeutendste Gastro-Journalist Großbritanniens, gleichermaßen gefürchtet wegen spitzer Feder und feiner Zunge, kann zum ersten Mal eine Fleischsorte nicht erkennen. Nachdem er eine gepfefferte Kritik verfasst hat, fordert ein anonymer Anrufer ihn auf, seine Weisheiten in Zukunft für sich zu behalten. MacDonald lässt sich nicht einschüchtern und wird kurzerhand niedergeschlagen. Er forscht nach, um den Kriminellen das Handwerk zu legen, denn nichts weniger als die kulinarische Kultur seiner Heimatstadt steht auf dem Spiel. Unterstützt wird er von seinem italienischen Freund Alberto Vitiello, einem quirligen Guest House-Betreiber. Die beiden Detektive folgen dem Restaurant-Besitzer Francis Drake bis auf die Äußeren Hebriden. Hinter der kulinarischen Bühne betreibt Drake höchst kuriose Geschäfte. Und wer sich ihm in den Weg stellt, hat um sein Leben zu fürchten ...

Frank Winter
Dicke Luft in der Küche
Schottland-Krimi mit Rezepten
Mord und Nachschlag 15

ISBN
978-3-946938-31-6
Broschur
317 Seiten
16,90 €

Angus Thinnson MacDonald soll endlich einige Pfunde purzeln lassen: Karen Miller, seine Ärztin und Dame des Herzens in Personalunion,lässt nicht locker! In dieser Angelegenheit ein wenig ratlos, konzentriert er sich gerne auf seinen neuesten Fall. Eine junge Frau und ihre kleine Tochter sind verschwunden. Die Spur führt zu einer Sekte, die ihren Mitgliedern unmenschliche Opfer abverlangt. Furchtlos ermittelt MacDonald und mimt sogar mehrfach den Duke of Edinburgh, besser bekannt als Prinz Philip. Doch was bitte hat der Fall mit der Kulinarik zu tun?, fragt er sich. Eine ganze Menge, stellt sich langsam, aber umso sicherer heraus.
Mit von der Partie ist wieder Alberto Vitiello, italienischer Guest House-Besitzer und im Duo der Dottore Watson. Ständig im Clinch mit seinen Gästen, verdächtigt er sogar einige von ihnen. Feinschmecker MacDonald bleibt allerdings skeptisch. Als die beiden nicht mehr weiterkommen, bucht er einen teuren Kurs bei den Aerophiten, so nennt sich die Sekte, und wagt sich in ihr Zentrum ...

Frank Winter
Whisky für die Engel
Schottland-Krimi mit Rezepten
Mord und Nachschlag 18

ISBN
978-3-946938-32-3
Broschur
303 Seiten
16,90 €

Alastair Carnegie, Master Blender bei McVicar and Whitelaw in Glasgow, kann sein Glück nicht fassen:
Er erhält eine Probe des legendären MacRitchie-Whiskys , der über hundert Jahre unter dem ewigen Eis der Antarktis ruhte, und kreiert diesen neu. Zwei Wochen vor der Premiere des Scotch wird er von einem Unbekannten erpresst. Carnegies Ruf steht auf dem Spiel, aber auch das Überleben der Firma, denn die edle Spirituose, der Whisky für die Engel, soll ihr aus der finanziellen Talsohle helfen. Ein Paradefall für Angus Thinnson MacDonald, der seinem alten Freund nur zu gerne unter die Arme greift. Mit seinem Detektivkollegen Alberto Vitiello fährt er nach Pitlochry, in die Highlands, wo Carnegie Urlaub macht. Doch wer ist der Täter? Ein Neider aus der Branche, der neurotische Hotelkoch, ein skurriler Arzt oder …? Den beiden Ermittlern rauchen ob der vielen Verdächtigen bald die Köpfe. Mit Hilfe einiger Scotch bewahren sie die Ruhe und ermitteln beständig weiter. Doch die Uhr tickt und der Präsentationstermin für den Jahrhundertwhisky rückt immer näher ...

Frank Winter
Currys für Connaisseure
Schottland-Krimi mit Rezepten
Mord und Nachschlag 28

ISBN
978-3-946938-34-7
Broschur
302 Seiten
16,90 €

Aadi Panicker, Selfmademan aus Mumbai, ist Inhaber eines Gourmet-Imperiums. Seine hochwertigen Chutneys, Soßen und Pickles sind in Edinburghs Delikatessgeschäften und guten Kaufhäusern zu finden. Pathia-Soße begründete seinen Reichtum und deshalb hängt er abgöttisch an ihr. Dann taucht ein Unhold auf und manipuliert die Soße. Seine Tochter, deren Hochzeit nun verschoben wird, leidet mit ihm. Heimlich bittet sie Angus MacDonald um Hilfe.
Dem wird der Fall bald zu unübersichtlich und zum ersten Mal schwindet ihm die Lust zu ermitteln. Seinem Co-Detektiv Alberto Vitiello geht es ebenso. Beide Detektive könnten sich nun ihrer alltäglichen Arbeit widmen, wären da nicht der Geist in Vitiellos Guest House und die Ernährungsberaterin Miss Armour, die mit ihrer entzückenden Tochter Thomasina bei MacDonald wohnt. Sie macht ihn ausgesprochen eifersüchtig und könnte sogar in den Fall verwickelt sein. Scharfe Currys und angedrohte Leibesübungen tun ein Übriges, um unseren Feinschmecker gehörig ins Schwitzen zu bringen. Ein schottischer Gin zu Zeiten bringt Linderung!

Frank Winter

Süffiger Single Malt für MacDonald

Schottland-Krimi mit Rezepten

Mord und Nachschlag 30

ISBN 978-3-946938-41-5

Broschur

276 Seiten

16,90 €

Eines weiß Angus MacDonald genau: Zwölfjähriger Auchentoshan (sprich »Oken-to-schen«, was seine Mitmenschen partout nicht lernen wollen!) sollte anders riechen und schmecken. Glen Garioch (sprich Glen Gierie!), 12 Jahre, ebenso. Nicht zu reden von 25-jährigem Auchentoshan, und so geht es weiter! Schneller als ihm lieb ist, findet sich der bekannte Edinburgher Gourmet und Foodjournalist bei den Sammlern seltener Whiskys. Solche Menschen berappen beträchtliche Summen, um an die Objekte ihrer Begierde zu gelangen. MacDonald ermittelt unter anderem in der Whisky-Bar des luxuriösen Balmoral-Hotels, in der Scotch Malt Whisky Society, der Auchentoshan-Destillerie und in einem Auktionshaus.

Zum ersten Mal muss er ohne seinen Dottore Watson, Guest-House-Besitzer Alberto Vitiello, auskommen. Warum dieser seine Hilfe verweigert, bleibt rätselhaft. Gibt es private Gründe oder steckt sein Freund mit den Gaunern unter einer Decke? In die ermittlerische Lücke springt Emma Anderson, eine junge Frau, die sich auch privat für den Gourmet interessiert.

Frank Winter

Bittere Orangen im Glas

Schottland-Krimi mit Rezepten

Mord und Nachschlag 33

ISBN

978-3-946938-54-5

Broschur

252 Seiten

16,90 €

Marmelade zu kochen, bereitet Angus MacDonald immense Freude. In seinem neuen Buch sollen Bitterorangen die erste Geige spielen. Würde ihn bloß nicht diese junge Dame in Not ablenken! Taucht Apolonia Hope-Weir, erfolgreiche Fabrikantin von Crazy-Jam-Marmeladen, zufällig auf? Alberto Vitiello, mit der Familie bekannt, lässt ihm keine Zeit nachzudenken.
Miss Hope-Weir, zweimal niedergeschlagen, hat kein Interesse an Ermittlungen. Die Riege der Verdächtigen beinhaltet Angestellte, Familienmitglieder, eine kauzige Verlegerin nebst Gatten wie Butler Reginald. Mit diesem macht Angus im Laufe der Zeit nähere Bekanntschaft …
Last but not least erscheinen MacDonalds Vater und seine Nemesis, Griselda Armour. Die Diplom-Oecotrophologin mischt sich in den Fall ein und bringt ernährungswissenschaftliche Kenntnisse im Wortsinn an den Mann!